Tu Visión Tiene Poder

Códigos Para Líderes Que Ven Lo Invisible
Y Logran Lo Imposible

Eli Chávez

Tu Visión Tiene Poder

Códigos Para Líderes Que Ven Lo Invisible Para Lograr Lo Imposible

Todos los Derechos Reservados © 2024 por Eli Chávez

Publicación Independiente por Eli Chávez

ISBN: 979-8-89660-513-3

Edición y Revisión: Eli Chávez

Diseño Portadas & Interior: Benny Rodríguez (AcademiaDeAutores.com)

Todos los derechos reservados. Esta obra en su totalidad está protegida y no puede ser reproducida, guardada en un sistema de almacenamiento de información, ni transmitida en ninguna forma por ningún medio (electrónico, mecánico, de fotocopiado, grabación, etc.) sin el expreso permiso previo del autor, excepto para breves citas y reseñas siguiendo las reglas y normas éticas de citaciones de textos. Esta publicación contiene las opiniones e ideas de su autor basadas en su propia experiencia e interpretación bíblica.

Versículos bíblicos indicados con RVR60 han sido tomados de la Santa Biblia, versión Reina Valera Revisada 1960. © 1960 Sociedades Bíblicas en América Latina; © renovado 1988 Sociedades Bíblicas Unidas. Utilizado con permiso. Reina Valera 1960© es una marca registrada de la American Bible Society.

Categoría: Liderazgo / Crecimiento / Vida Cristiana

Recomendaciones

"Al comenzar a leer este libro, descubrirás herramientas valiosas que impulsarán tu liderazgo a un nivel superior. Está diseñado para fortalecer tu capacidad de liderar mediante principios transformadores, como este: la visión es una brújula espiritual que alinea el corazón del hombre con la voluntad del Padre. Cada capítulo te invita a avanzar con determinación y a creer que todo es posible cuando Dios te entrega una visión.

Este libro contiene frases inspiradoras como: la visión es ver más allá de lo inmediato y lo visible; es anticiparte a lo que aún no existe, pero que puede ser creado con fe, esfuerzo, planificación y estrategia. Estas palabras nos animan a seguir adelante, confiando en que Dios tiene un propósito específico para cada uno de nosotros.

Conozco de cerca al Apóstol Eli Chávez, quien también es nuestro padre espiritual. Doy testimonio de la autenticidad de lo que aquí se escribe. Este libro fluye de un corazón apasionado y comprometido con servir a su generación. Durante años, su ministerio ha sido de bendición para muchas personas, y estoy convencido de que este libro edificará y posicionará a muchas más en una nueva temporada. Como se menciona en sus páginas: toda gran obra comienza con una visión.

Admiro profundamente la sencillez, humildad y dedicación del Apóstol Eli Chávez. Este libro no surge de conceptos abstractos, sino de una experiencia genuina. Por eso, te invito a continuar leyendo y a aplicar cada principio en tu vida. Haz como yo: subraya las ideas clave y aprovecha esta herramienta no solo para tu crecimiento personal, sino también para capacitar y fortalecer a tu equipo de liderazgo".

Juan Carlos Colindres

Pastor y fundador
Monte Sinaí Warner Robins y Monte Sinaí Macon
Autor del libro: Referentes de los últimos tiempos

TU VISIÓN TIENE PODER

"Felicito al Apóstol Eli Chávez por la publicación de su libro *"Tu Visión Tiene Poder"*. Este libro destaca por su estilo claro, directo y poderoso, que expone de manera práctica la importancia de la visión para alcanzar los objetivos que nos proponemos.

Si tienes este libro en tus manos, quiero animarte a leerlo hasta el final. Será de gran bendición y edificación para tu vida. A lo largo de sus páginas, encontrarás herramientas para definir, desarrollar y fortalecer tu visión, además de consejos prácticos para superar obstáculos y evitar estancamientos. Este libro no solo te inspirará, sino que te desafiará a evaluarte y realizar los ajustes necesarios para ver tu visión hecha realidad.

Una de las secciones más impactantes para mí fue *Consejos Prácticos*, que ofrece estrategias claras para convertir la visión en acción. Estoy convencido de que también será de gran ayuda para ti mientras descubres cómo aplicar estos principios en tu vida.

Dios usará este libro para fortalecer tu visión y equiparte con estrategias para materializarla. Es un privilegio aprender de la experiencia y sabiduría que el Apóstol Eli Chávez comparte en estas páginas. ¡Disfruta la lectura y aprovecha esta oportunidad para crecer y avanzar! ¡Te gozarás, aprenderás y saldrás renovado!"

Pastor Claudio Díaz

Ministerio Pacto de Vida Eterna
Raleigh, Carolina del Norte

"Tu Visión Tiene Poder" es un libro inspirador y práctico que nos invita a explorar el profundo impacto de una visión clara en nuestra vida. Desde las primeras páginas, el Apóstol Eli Chávez nos guía a descubrir, fortalecer y materializar el propósito divino que cada uno lleva dentro. Con un enfoque equilibrado entre la espiritualidad y la acción práctica, el autor nos recuerda que una visión no solo es un sueño, sino una fuerza transformadora capaz de dar sentido y dirección a nuestras vidas.

A través de enseñanzas profundas y herramientas concretas, el libro presenta principios sólidos que no solo aplican a la vida cristiana, sino también a los ámbitos empresarial y personal. Su autor ofrece estrategias claras para identificar el llamado único de cada persona, planificarlo y ejecutarlo de manera efectiva. Desde la importancia de la fe y la determinación, hasta la planificación estratégica y el esfuerzo constante, este libro te ayudará a convertir tus sueños en realidades tangibles.

"Tu Visión Tiene Poder" está especialmente diseñado para líderes, emprendedores y soñadores, quienes buscan maximizar su potencial y generar un impacto duradero en su entorno. Con ejemplos prácticos y una narrativa motivadora, este libro no solo inspira, sino que equipa al lector con las herramientas necesarias para avanzar con confianza y claridad.

Si estás buscando un recurso que te impulse a superar los obstáculos, avivar tus metas y materializar el propósito que Dios ha puesto en tu vida, este libro es una lectura obligada. Es un recordatorio poderoso de que cada visión comienza en el corazón, pero se concreta con fe, esfuerzo y un plan claro.

Altamente recomendado como un mapa hacia el cumplimiento de tus sueños y una herramienta de transformación para tu liderazgo, tus relaciones y tu vida en general".

Dr. Benny Rodríguez

Psicólogo Clínico, Conferencista y Mentor
REAL Internacional

ELI CHÁVEZ

"Tu Visión Tiene Poder", del Apóstol Eli Chávez, es una obra transformadora que desafía a líderes, emprendedores y soñadores a desarrollar una visión clara, trascendente y alineada con el propósito divino para lograr lo que parece imposible. Con un enfoque práctico y profundamente espiritual, el autor presenta un mapa estratégico que combina principios bíblicos, lecciones empresariales y ejemplos históricos para convertir sueños en realidades concretas.

Lo que distingue a este libro es su capacidad única para conectar lo abstracto con lo tangible. El Apóstol Eli no solo define lo que significa tener una visión, sino que guía al lector paso a paso en cómo formularla, comunicarla de manera efectiva y sostenerla incluso frente a los mayores desafíos, como la falta de recursos, el miedo al fracaso y la resistencia al cambio.

A lo largo de sus páginas, el autor utiliza ejemplos poderosos, desde líderes bíblicos como Moisés, quienes transformaron generaciones con una visión divina, hasta casos contemporáneos de éxito como Apple y McDonald's, mostrando cómo una visión bien articulada puede revolucionar vidas, organizaciones y comunidades.

Este libro es una herramienta indispensable para cualquier persona que busque un propósito claro y duradero en su vida. Ya seas un líder empresarial, un emprendedor, un estudiante, un profesional, un pastor o un ministro, encontrarás en estas páginas inspiración y estrategias prácticas para llevar tu visión al siguiente nivel, mientras profundizas en tu fe, refuerzas tu compromiso con el llamado que Dios ha puesto en ti y desarrollas habilidades esenciales para cumplir tu misión con excelencia.

TU VISIÓN TIENE PODER

Leer "Tu Visión Tiene Poder" es aceptar el desafío de mirar más allá de lo evidente, construir un legado significativo y convertirse en un agente de cambio en un mundo que anhela líderes con propósito. Esta obra maestra no solo te inspirará, sino que también te equipará para impactar tu vida, tu entorno y el futuro de quienes te rodean. ¡Es un honor recomendar este libro a quienes se atreven a soñar y están listos para convertir esos sueños en realidades!"

Profeta Víctor Villamil

Familia de Reino
Buenos Aires, Argentina

ELI CHÁVEZ

"Hoy día las personas con sueños buscan a quienes pueden apoyarlos a cumplirlos. Entre todos esos mentores está la persona que te adiestra, te ayuda a reconocer y pulir tu visión. Este libro esa ese recurso que te ayudará a poner en palabras lo que quieres hacer con excelencia. Todos quieren ser emprendedores de algo, pero no saben cómo visualizar esa empresa. Dios te ha permitido obtener este libro (el cual es una herramienta) para que puedas evaluar la visión de tu ministerio, empresa o aun tu vida en sí. Toma cada página, capítulo y estúdialo, porque lo que tienes en tus manos no son los planos de tu visión, sino lo que tienes en este libro "Tu visión tiene poder" por Eli Chávez son las notas de cómo leer tus planos para que puedas compartir tu visión y todos te apoyen en ella".

Pastor Ricardo Correa

Monte Sinaí – Durham, Carolina del Norte
Director Nacional de Abogacía
Alianza Nacional de Pastores Hispanos

Dedicatoria

Sin la presencia de nuestro Señor Jesucristo y la guía del glorioso Espíritu Santo, no hubiese tenido la inspiración para producir este libro.

Dedico esta obra a hombres y mujeres visionarios, capaces de ver sus sueños realizados con los ojos de la fe. Personas que nunca se rinden, que van más allá de los límites, se esfuerzan con valentía y viven con propósito, creyendo en lo imposible.

Dedico este libro al liderazgo en iglesias, empresas y familias, porque nada grande ocurre sin líderes sólidos. El éxito de nuestro ministerio es posible gracias a un equipo comprometido con la visión de la casa: hombres y mujeres que, con dedicación y pasión, invierten cada semana en el cuidado de nuevos convertidos, garantizando su crecimiento espiritual firme y duradero. A todos ustedes, gracias por ser parte de esta gran visión.

Quiero rendir homenaje a grandes hombres visionarios que nunca se rindieron ante las adversidades y a quienes respeto y admiro profundamente. Hombres como: Yiye Ávila, Billy Graham, T.B. Joshua y José María Muñoz, conocido como el hermano Chemita en Guatemala, entre otros.

Pero en especial, quiero dedicar este libro a mi amado Salvador Jesucristo, quien me amó y me salvó. Jesús, un hombre visionario, determinado y apasionado por su misión de salvar a la humanidad. Fue capaz de entregar su propia vida y sacrificar su cuerpo, porque creía firmemente en su visión, una visión que hoy también es la nuestra.

Apóstol Eli Chávez

Contenido

	Introducción	XV
1.	La Arquitectura de una Visión	1
2.	¿Para Qué Una Visión?	7
3.	Beneficios de una Visión	11
4.	Los Enemigos de una Visión	17
5.	Errores al Implantar una Visión	25
6.	Pensamiento de Gran Escala	33
7.	Actualizate Contínuamente	41
8.	Enfoque en Hijos, No en Admiradores	47
9.	Multiplicando a Través de Equipos	53
10.	Invierte en Capacitar a tu Equipo	61
11.	Delegar y Facultar	69

12.	Financiando la Visión	75
13.	Disciplina y Excelencia	83
14.	Evitando las Distracciones	89
15.	Consistencia, Coherencia y Estabilidad	95
16.	La Presión de la Visión	101
17.	Evitando el Agotamiento	109
18.	La Crítica es Publicidad No Pagada	119
19.	Practiquemos la Generosidad	127
20.	Construyendo Un Legado	133
21.	Bono: Plan de Acción	143
Acerca del Autor		149

Introducción

El Poder de la Visión

En la antigua ciudad de Jerusalén, donde los profetas caminaban entre los pueblos y la voz de Dios resonaba en medio del desierto, encontramos un pasaje de singular importancia para quienes buscan comprender el poder transformador de una visión clara y definida.

En el libro de Habacuc, el profeta se yergue sobre su torre de vigía, en una postura de vigilancia y expectativa, aguardando una respuesta divina que ilumine su camino. Este escenario nos revela una verdad eterna que trasciende las épocas: toda gran obra y toda empresa significativa comienzan con una visión clara y dirigida por Dios, que guía los pasos del líder, proporcionando propósito, dirección y esperanza, aun en tiempos de incertidumbre y adversidad.

"Sobre mi guarda estaré, y sobre la fortaleza afirmaré el pie, y velaré para ver lo que se me dirá..." (Habacuc 2:1)

Habacuc se encuentra en un momento de introspección, una pausa estratégica en la que busca dirección. Esta escena es un reflejo profundo del líder moderno que se detiene para escuchar, para observar el panorama cambiante del mercado y del entorno organizacional. Antes de cualquier gran acción, antes de diseñar estrategias o formular planes, el líder debe adoptar esta postura de observación y discernimiento, estableciendo un tiempo para ver más allá de los problemas inmediatos y sintonizarse con una visión superior.

Visión: Una Lámpara para los Pies y una Luz para el Camino

La Biblia nos enseña que *"donde no hay visión, el pueblo perece"* (Proverbios 29:18). Esta verdad atemporal resuena no solo en el ámbito espiritual, sino también en los entornos personales, profesionales y organizacionales.

Un libro dedicado a la visión es crucial porque la visión es el punto de partida de toda transformación y el cimiento sobre el cual se construyen los sueños y los proyectos significativos. Es la brújula que nos guía en la tormenta, el ancla en tiempos de incertidumbre, y el combustible que alimenta la perseverancia en momentos de adversidad. Entonces, antes de entrar en contenido más profundo, debemos definir propiamente este concepto.

¿Qué es una Visión?

En su esencia más pura, la visión es una revelación del futuro deseado, una imagen clara y precisa de lo que se quiere alcanzar. Es una representación mental que da forma a lo invisible, proyectando hacia adelante lo que aún no existe, pero que podría ser posible con fe, planificación y acción. La visión es el puente entre el presente y el futuro, y sirve como un mapa que guía las decisiones y acciones hacia la realización de ese futuro imaginado.

La Visión Espiritual

Desde una perspectiva espiritual, la visión es más que un simple sueño o deseo; es una revelación divina que guía y da propósito a la vida de un creyente. La Biblia a menudo describe la visión como un plan de Dios que proporciona dirección y enfoque. En Jeremías 29:11, Dios declara: *"Porque yo sé los pensamientos que tengo acerca de vosotros, pensamientos de paz y no de mal, para daros el fin que esperáis"*. Este versículo nos recuerda que la visión de Dios para nuestra vida está llena de esperanza y propósito. Cuando seguimos la dirección divina, encontramos el camino correcto y evitamos perdernos en medio de la incertidumbre, confiando en que Dios tiene un plan perfecto para nuestro futuro.

Ejemplos de esto abundan en las Escrituras: Dios le dio a Abraham una visión de una nación próspera y numerosa, que se convertiría en el pueblo de Israel (Génesis 12:1-3). Moisés tuvo una visión clara de liberar a los israelitas de la esclavitud en Egipto, guiándolos hacia la tierra prometida (Éxodo 3:10).

La visión espiritual no solo motiva, sino que también otorga autoridad y dirección divina, equipando a los creyentes para cumplir el propósito de Dios en sus vidas. La visión es, por tanto, una brújula espiritual que alinea el corazón del hombre con la voluntad de Dios, dándole la valentía de enfrentar obstáculos y la paciencia de esperar su cumplimiento.

La Visión para el Líder y el Empresario

En el ámbito del liderazgo y los negocios, la visión es una declaración clara y audaz del destino al que se quiere llegar. Es la *"estrella del Norte"* que guía a los equipos, define el rumbo de la organización y establece un marco para la toma de decisiones estratégicas.

Los grandes líderes y empresarios son, ante todo, visionarios. Ellos son capaces de ver lo que otros no ven, identificando oportunidades, anticipando cambios y creando un futuro que otros solo pueden imaginar. Un líder con visión sabe hacia dónde va, lo que permite inspirar a otros a seguir ese camino. Una visión es el motor que impulsa la expansión de una empresa u organización, llevándola de un estado pequeño y básico hasta lo que pueda ser un imperio mundial.

Por ejemplo, lo que hoy conocemos como Apple, comenzó en un pequeño garaje en Los Altos, California en 1976 por Steve Jobs, Steve Wozniak y Ronald Wayne. Al momento de estar escribiendo este libro, el valor de esta empresa en el mercado es de $3.43 trillones de dólares.

Para un empresario, la visión no es solo una idea ambiciosa; es un plan claro y concreto que guía cada estrategia, producto y decisión financiera. Una visión poderosa y bien comunicada puede alinear a toda la organización, estableciendo una cultura de propósito y determinación. Las empresas más exitosas del mundo tienen una visión clara que no solo define lo que quieren lograr, sino también cómo quieren impactar a sus clientes, a sus empleados y a la sociedad en general.

¿A Quién Sirve un Libro sobre Visión?

Un libro sobre visión no es solo para líderes empresariales o directivos de organizaciones; es para cualquier persona que anhele una vida con propósito. La visión es el *"ver más allá"* de lo inmediato y lo visible; es anticipar lo que aún no existe, pero que puede ser creado con fe, esfuerzo y planificación estratégica.

• Para el líder ministerial, es una herramienta invaluable para guiar a su congregación hacia el cumplimiento del propósito de Dios. La visión permite ver más allá de las limitaciones presentes y enfocarse en la misión eterna.

• Para el profesional o emprendedor, la visión es el plano arquitectónico de sus proyectos. Es la claridad que precede a la acción y la dirección que asegura el crecimiento sostenible.

• Para cualquier individuo en su vida personal, la visión ofrece una hoja de ruta para alcanzar metas significativas y vivir una vida intencional, evitando la deriva y el estancamiento.

Aplicando la Visión a Tu Vida Personal, Ministerial y Profesional

Aprender sobre el poder de la visión tiene implicaciones profundas para cada esfera de nuestra vida:

• La visión en el ministerio es una revelación divina que guía e inspira. Así como Pablo recibió una visión clara para llevar el Evangelio a los gentiles, quienes servimos, necesitamos una dirección definida para movilizar a la comunidad y comunicar el propósito de Dios.

- En la vida personal, la visión es el faro que nos ayuda a mantenernos enfocados en nuestros objetivos a pesar de los desafíos. Es la promesa que nos sostiene, similar a lo que vemos en Hebreos 11:1: *"La fe es la certeza de lo que se espera, la convicción de lo que no se ve"*. La visión nos da esa fe, ese convencimiento profundo de que nuestro futuro puede ser mejor que nuestro presente.

- En el ámbito profesional, la visión actúa como el fundamento de toda estrategia efectiva. Así como los grandes visionarios de la historia ha usado por siglos, nosotros podemos aprender a aplicar la visión para identificar oportunidades, desarrollar proyectos innovadores y liderar equipos hacia el éxito. La visión clara impulsa la toma de decisiones y nos ayuda a mantener el rumbo en tiempos de incertidumbre.

Escribir y leer un libro sobre visión es mucho más que un ejercicio intelectual; es una preparación para vivir con propósito, liderar con convicción y construir algo que trascienda. Así como Habacuc fue instruido a *"escribir la visión y declararla"*, cada uno de nosotros debe aprender a identificar, clarificar y comunicar su visión para impactar nuestras vidas y las vidas de quienes nos rodean.

Este libro es un llamado a elevar nuestra perspectiva, a ver más allá del horizonte visible, y a seguir la visión que Dios ha puesto en nuestro corazón para llevarnos a un destino de plenitud, éxito y propósito eterno. Te invito a que te sumerjas en las páginas de esta obra y permitas que el Eterno plasme en ti una visión extraordinaria más grande de lo que tú hayas podido imaginar jamás. ¿Comenzamos?

1

La Arquitectura de una Visión

Toda gran obra comienza con una visión. Ya sea que se trate de un rascacielos en el centro de una ciudad, una iglesia que transforme una comunidad o una empresa que revolucione una industria, todo lo que vale la pena construir primero se forma en la mente y el corazón de un visionario.

Así como un edificio no puede construirse sin un plano, una organización o ministerio no puede prosperar sin una visión clara. La visión es el plano arquitectónico de tu liderazgo. Define qué estás construyendo, cómo lo construirás y qué aspecto tendrá cuando esté terminado. Al igual que un buen arquitecto, debes ser detallado, específico y flexible, y estar dispuesto a ajustar tu plan mientras sigues avanzando hacia tu meta final.

En este capítulo, exploraremos cómo se diseña la arquitectura de una visión, los elementos fundamentales que la componen y cómo sostenerla a través del tiempo.

1. El Fundamento de la Visión: Propósito y Claridad

Cualquier edificio sólido comienza con una base firme, y lo mismo ocurre con una visión. El fundamento de una visión es el propósito, la razón por la cual existe. Sin un propósito claro, la visión se desmorona ante la dificultad. En el mundo corporativo, empresas como Apple y Tesla se distinguen por tener un propósito que guía sus decisiones. El propósito de Apple siempre ha sido *"hacer productos que cambien el mundo"*, mientras que Tesla tiene la misión de *"acelerar la transición del mundo hacia la energía sostenible"*.

En el ámbito bíblico, el ejemplo de Nehemías es una ilustración perfecta de una visión con un propósito claro. Nehemías tenía el propósito de reconstruir los muros de Jerusalén para restaurar la seguridad y el orgullo de su pueblo (Nehemías 2:17-18). Su propósito fue la base sobre la cual construyó su visión y motivó a otros a unirse a él. Como líderes, debemos preguntarnos: ¿Cuál es el propósito de nuestra visión? ¿Qué problema estamos resolviendo? Si no podemos responder a estas preguntas, necesitamos volver a la base y encontrar el propósito.

2. La Estructura de la Visión: Metas y Estrategias

Si el propósito es el fundamento, las metas y estrategias son la estructura de la visión. Estas son las vigas que sostienen y le dan dirección a un proyecto, proporcionando estabilidad y desarrollo.

Una visión sin metas claras es como un edificio sin columnas; puede parecer impresionante desde lejos, pero no resistirá las tormentas ni los desafíos inesperados que surgen durante el camino hacia el éxito.

En Filipenses 3:14, el apóstol Pablo dice: *"Prosigo a la meta, al premio del supremo llamamiento de Dios en Cristo Jesús".* Pablo tenía una meta clara y enfocada, y cada una de sus acciones estaba alineada con esa meta. De la misma manera, los líderes deben establecer metas específicas, medibles y alcanzables para llevar adelante su visión. Por ejemplo, en el mundo empresarial, Google utiliza el sistema de OKRs (Objetivos y Resultados Clave) para establecer metas claras y evaluar su progreso. Este enfoque permite que cada empleado entienda cómo sus tareas contribuyen a la visión general de la empresa.

Para construir la estructura de tu visión, pregúntate: ¿Cuáles son los pasos concretos que necesito tomar? ¿Qué metas necesito alcanzar para hacer realidad mi visión? Cada meta debe ser un escalón en el camino hacia el cumplimiento de tu propósito.

3. Los Materiales de Construcción: Recursos y Personas

Un arquitecto puede tener los mejores planos, pero si no tiene los materiales correctos, el edificio nunca se levantará. En la arquitectura de una visión, los materiales son los recursos y las personas. Los recursos incluyen tiempo, dinero, herramientas y conocimientos, pero el recurso más valioso son las personas. Una visión poderosa requiere un equipo comprometido que esté dispuesto a trabajar arduamente para ver la visión cumplida.

En Éxodo 31:1-6, Dios le da a Moisés una visión clara del tabernáculo y le provee a Bezaleel y Aholiab, personas llenas del Espíritu de Dios y con habilidades específicas para llevar a cabo la obra. Este ejemplo nos enseña que, para construir nuestra visión, debemos rodearnos de personas talentosas que compartan nuestro propósito y valores. En el mundo corporativo, Apple siempre reconoció que una de las claves del éxito de Apple fue contratar a personas brillantes y darles la libertad para innovar.

Como líderes, debemos aprender a invertir en nuestros equipos y a valorar las habilidades que cada persona trae. Pregúntate: ¿Quiénes son los constructores de mi visión? ¿Estoy invirtiendo lo suficiente en ellos?

4. Los Planos de Contingencia: Flexibilidad y Adaptabilidad

En cualquier construcción, siempre hay imprevistos. Un arquitecto sabio prepara planes de contingencia para adaptarse a los cambios inesperados. Lo mismo ocurre con una visión; debe ser lo suficientemente flexible como para adaptarse a las circunstancias sin perder su propósito. En Proverbios 16:9, se nos recuerda: *"El corazón del hombre traza su rumbo, pero sus pasos los dirige el Señor".* Esto significa que, aunque planifiquemos, debemos estar abiertos a los cambios y a la dirección de Dios.

5. La Decoración Interior: Valores y Cultura

Finalmente, en la arquitectura de una visión, los valores y la cultura son como la decoración interior del edificio. Pueden parecer pequeños detalles, pero son lo que hace que la visión sea atractiva y acogedora.

Los valores definen quiénes somos y cómo hacemos las cosas, guiando cada decisión y acción. Una visión sin valores es como un edificio hermoso por fuera, pero vacío y frágil por dentro; carece de la integridad necesaria para sostenerse a largo plazo. Los valores actúan como el alma del proyecto, dando sentido, propósito y cohesión a todo lo que se emprende.

En el libro de Josué, Dios le dice a Josué: *"Esfuérzate y sé valiente"* (Josué 1:9). Esta instrucción no solo era una orden, sino un valor que debía definir la cultura del liderazgo de Josué. Su valentía y fe en Dios se convirtieron en la base de su éxito al liderar al pueblo de Israel.

En el mundo empresarial, empresas como Zappos han construido una cultura fuerte basada en valores como el servicio al cliente y la transparencia. Estos valores no solo decoran la visión; la sostienen y la hacen sostenible a largo plazo.

Detente y Reflexiona

La arquitectura de una visión requiere más que inspiración; necesita un plan detallado y compromiso. Al igual que un edificio no se construye de la noche a la mañana, una visión poderosa se forma con tiempo, esfuerzo y dedicación.

Una visión siempre comienza con un propósito claro, estableciendo metas y estrategias sólidas, rodeándote de recursos adecuados, adaptándote a los cambios y construyendo una cultura basada en valores. Recuerda, la visión es el plano arquitectónico de tu liderazgo. Si construyes bien, tu obra también será un testimonio duradero para otras generaciones.

2

¿Para Qué Una Visión?

En los años 1950, los hermanos Dick y Mac McDonald tenían un pequeño restaurante de hamburguesas en San Bernardino, California. Habían desarrollado un sistema eficiente de comida rápida con un menú limitado y servicio consistente. Sin embargo, su visión se limitaba a un solo restaurante local y algunas franquicias, sin percibir el potencial global de su idea.

Es en este punto donde entra Ray Kroc, un vendedor de máquinas para batidos, que visitó el restaurante de los hermanos McDonald. Al ver la operación, Kroc no solo vio un negocio eficiente, sino una oportunidad para revolucionar la industria de la comida rápida a nivel nacional e internacional.

"Un hombre visionario puede ver oportunidades donde otros solo ven obstáculos o crisis, un visionario puede ver realizados los proyectos sin haberlos comenzado, pero él ya está preñado de su visión".

Kroc tenía una visión mucho más amplia que los hermanos: vio un sistema replicable a gran escala, una marca reconocible, y una red de franquicias que podría dominar el mercado global.

Ray Kroc adquirió los derechos del negocio, y con su incansable esfuerzo, transformó a McDonald's en el gigante que conocemos hoy. Bajo su liderazgo, el enfoque cambió de un restaurante familiar a una cadena global con estándares de calidad, servicio y consistencia. Kroc entendió el poder de una visión clara y ambiciosa, y la comunicó con convicción, inspirando a otros a seguir su camino.

La historia de Ray Kroc y los hermanos McDonald es un claro ejemplo de cómo la visión es el motor del crecimiento. Los hermanos crearon un gran producto, pero fue la visión de Kroc la que lo llevó a otro nivel. Tener una visión clara, mirar más allá del presente y anticipar el futuro permite a los líderes ver oportunidades donde otros ven límites. Kroc demostró que la verdadera grandeza no solo reside en la innovación inicial, sino en la capacidad de ver el potencial y expandirlo a una escala nunca antes imaginada.

En el libro de Habacuc, encontramos un principio eterno que ha guiado a visionarios a lo largo de la historia: *"Escribe la visión, y declárala en tablas, para que corra el que leyere en ella"* (Habacuc 2:2). Este mandato divino no es solo una instrucción espiritual, sino una estrategia de liderazgo y un fundamento esencial para el éxito en cualquier esfera de la vida. El acto de escribir la visión y hacerla clara y comprensible es una piedra angular tanto en el ministerio como en el mundo empresarial.

TU VISIÓN TIENE PODER

La historia de Ray Kroc y el surgimiento de McDonald's encarna este principio de una manera asombrosa. Al analizar el trayecto de Kroc, podemos ver cómo una visión clara y bien comunicada puede transformar una simple idea en un fenómeno global, impactando a millones de personas y redefiniendo una industria.

Así como Dios instruyó a Habacuc a escribir la visión para que otros pudieran correr con ella, Kroc entendió la importancia de articular una visión clara, comunicarla efectivamente y movilizar a otros hacia su realización.

Esta historia refleja una situación similar a la de Habacuc antes de recibir la instrucción divina: una visión incipiente, pero incompleta. Como muchos líderes que están atrapados en su contexto inmediato, carecían de una visión expansiva que pudiera trascender más allá de sus propias limitaciones. No es solo tener una visión clara en el corazón que solo el líder la conozca. Esto es un gran error y por eso muchas grandes visiones ha terminado en la tumba junto al soñador

Una visión no puede quedarse en la mente del líder; debe ser comunicada claramente, como en el mandato dado a Habacuc: *"Escribe la visión, y declárala en tablas"*. Cuando la visión es plasmada y otros conectan con ella, se torna algo contagioso y poderoso.

Es por eso que el poder *"escribir la visión"* abre la puerta a perpetuar, escalar y multiplicar el concepto, ya que cualquiera la puede entender y replicar con exactitud. Si se entiende y se replica, entonces vendrá la expansión rápida, sostenible y efectiva.

Es así cómo de lo visionado, se crean legados que perdura y trasciende generaciones, impactando vidas y transformando industrias.

En el mundo corporativo, esto se traduce en la importancia de una visión compartida. Muchas organizaciones tienen declaraciones de misión y visión que son poco más que palabras escritas en la pared. Las palabras se tornaron una realidad viva porque cada persona involucrada sabía exactamente cuál era el objetivo y cómo alcanzarlo. El sistema estandarizado de operaciones, los procesos definidos y los altos estándares de calidad serán la manifestación física de cualquier visión que se exprese.

Tanto la visión profética de Habacuc como el ejemplo ilustrado aquí encierra un principio inmutable que trasciende contextos y épocas: la visión es el cimiento sobre el cual se erigen los grandes proyectos, tanto en el ámbito espiritual como en el organizacional.

La lección es clara: la visión escrita y comunicada tiene el poder de movilizar a personas hacia un objetivo común, de unir esfuerzos dispersos y de perseverar en medio de la adversidad. La ejecución de una gran visión tiene el poder de cambiar el destino de personas, empresas, comunidades y hasta generaciones.

Al concluir este capítulo, somos desafiados a elevar nuestra mirada, a escribir nuestra propia visión con claridad y a confiar en que, aunque parezca tardar, su cumplimiento es seguro para aquellos que esperan y actúan con fe y determinación.

3

Beneficios de una Visión

La visión es mucho más que un simple sueño o deseo; es el combustible que impulsa a líderes, organizaciones y personas hacia el cumplimiento de su máximo potencial. Cuando un líder tiene una visión clara, crea un mapa que guía cada decisión y acción, estableciendo un camino seguro hacia el éxito. Así como un arquitecto necesita planos para construir un edificio, los líderes necesitan una visión para construir el futuro que desean ver. Es la visión lo que transforma ideas vagas en estrategias concretas y direcciona el esfuerzo de equipos enteros para que trabajen con propósito y determinación.

En este capítulo, exploraremos los beneficios de tener una visión clara, tanto en la vida personal como en el contexto organizacional. Veremos cómo la visión puede elevar la fe, enfocar las emociones, y motivar la acción, sirviendo como una ancla en tiempos de adversidad y un catalizador en tiempos de oportunidad.

Desde ejemplos bíblicos hasta historias de grandes innovadores, descubriremos cómo la visión tiene el poder de inspirar, transformar y dirigir el curso de la historia. Porque al final, tener una visión clara no es solo una ventaja; es la diferencia entre el éxito y el fracaso, entre liderar con propósito o deambular sin rumbo.

Beneficios Espirituales

1. Proporciona Dirección y Propósito

El ejemplo de Ana, la madre del profeta Samuel (1 Samuel 1:1-28) muestra cómo una visión clara, alimentada por la fe y la oración, puede llevar al cumplimiento del propósito divino. Ana no se distrajo con sus circunstancias adversas ni permitió que su dolor la apartara de su enfoque. Su historia nos enseña la importancia de mantener una visión firme y buscar la dirección espiritual, confiando en que Dios cumplirá sus promesas en el momento adecuado.

2. Fortalece la Fe

Noé construyó el arca basada en la visión que Dios le reveló (Génesis 6:13-22). A pesar de las burlas de su entorno, su fe fue fortalecida porque tenía una visión clara del propósito divino. La visión aumenta la fe, ya que permite ver más allá de las circunstancias presentes, confiando en lo que aún no se ha manifestado. Cuando Dios nos da una visión, nos entrega también la gracia y los recursos necesarios para perseverar, superando la incredulidad y el temor del momento.

3. Motiva a la Perseverancia

El apóstol Pablo tenía una visión clara de su llamado a llevar el evangelio a los gentiles (Hechos 26:16-18). Esta visión lo sostuvo a través de persecuciones y tribulaciones. Cuando la visión es clara, motiva al creyente a perseverar en tiempos de adversidad, sabiendo que el cumplimiento del propósito está garantizado por Dios.

4. Proporciona Revelación y Sabiduría

Salomón pidió sabiduría para gobernar a Israel, y Dios le dio una visión clara de cómo liderar con justicia (1 Reyes 3:9-12). La visión espiritual trae revelación y discernimiento, permitiendo ver el panorama completo y tomar decisiones guiadas por el Espíritu.

5. Genera Unción y Autoridad

Moisés recibió la visión de liberar al pueblo de Israel de la esclavitud (Éxodo 3:10). Esta visión le dio la autoridad divina para enfrentar a Faraón. Una visión clara recibida de Dios viene acompañada de unción y autoridad para ejecutar lo que ha sido revelado.

Beneficios Emocionales

6. Aumenta la Autoestima y la Confianza

Helen Keller, a pesar de ser sorda y ciega, tenía una visión clara de ayudar a otros con discapacidades. Esto le dio confianza y propósito, elevando su autoestima. Tener una visión mejora la autoimagen y fortalece la confianza, al saber que uno está trabajando hacia un propósito significativo.

7. Reduce el Estrés y la Ansiedad

Winston Churchill, durante la Segunda Guerra Mundial, mantuvo una visión clara de la victoria a pesar del caos. Esto le ayudó a enfrentar el estrés con valentía y serenidad. La visión proporciona un ancla emocional, reduciendo el estrés al ofrecer claridad sobre el rumbo a seguir.

8. Promueve la Resiliencia

Nelson Mandela, con una visión clara de un Sudáfrica unida, soportó décadas de encarcelamiento. Su resiliencia fue alimentada por la claridad de su visión. Tener una visión firme permite a las personas superar adversidades, desarrollando una resiliencia emocional que les ayuda a persistir. La visión transforma el sufrimiento en propósito, renovando la motivación y brindando esperanza, incluso en los momentos más oscuros, cuando los obstáculos parecen insuperables y todo indica que hay que rendirse.

9. Mejora el Enfoque y la Claridad Mental

Otro ejemplo de una empresa europea que ha transformado su industria mediante una visión clara y un enfoque es Dyson, una empresa británica de tecnología y diseño fundada por James Dyson. Desde sus inicios, Dyson se ha concentrado en revolucionar los electrodomésticos cotidianos, como aspiradoras y secadores de manos, a través de la innovación en diseño y tecnología. Su enfoque principal ha sido crear productos eficientes, potentes y duraderos que mejoren la vida de los usuarios al resolver problemas comunes.

10. Genera Paz Interior

La Madre Teresa de Calcuta tenía una visión clara de servir a los más necesitados y marginados. Esta visión le brindó paz interior, aun en medio de sufrimiento y pobreza extrema. Cuando se tiene una visión clara y se camina en esa dirección, hay una paz que proviene de saber que se está siguiendo el propósito correcto.

Beneficios Organizacionales

11. Alinea a los Equipos hacia un Objetivo Común

Pep Guardiola, entrenador de fútbol, tenía una visión clara del estilo de juego basado en la posesión y la presión alta. Esta visión unificó a su equipo, el FC Barcelona, llevándolos a ganar múltiples títulos, incluyendo la Liga de Campeones. La visión compartida de *"jugar bonito"* y dominar el balón alineó a cada jugador, desde los defensas hasta los delanteros, hacia un objetivo común. Una visión clara actúa como un *"norte"*, orientando a todos hacia un propósito colectivo y exitoso.

12. Impulsa la Innovación

Elon Musk, con su visión de colonizar Marte y hacer los viajes espaciales accesibles, ha impulsado la innovación en SpaceX. Cuando la visión es audaz, fomenta la creatividad e innovación, inspirando a los equipos a pensar más allá de los límites actuales. Esta visión ambiciosa también atrae a personas con talento que comparten la pasión por superar desafíos, creando un entorno colaborativo donde los sueños imposibles parecen alcanzables.

13. Facilita la Toma de Decisiones Estratégicas

Jeff Bezos, con la visión de convertir a Amazon en *"la tienda de todo"*, tomó decisiones estratégicas como invertir en infraestructura logística y tecnología de datos. Una visión clara sirve como filtro para la toma de decisiones, eliminando opciones que no están alineadas con el propósito final.

14. Aumenta la Productividad y el Compromiso

La visión de Google de *"organizar la información del mundo y hacerla accesible para todos"* ha motivado a sus empleados a trabajar con pasión y compromiso. Los equipos que comparten una visión clara están más motivados y son más productivos, ya que sienten que su trabajo contribuye a algo significativo.

15. Permite la Adaptabilidad al Cambio

La empresa IBM, en su transición de ser una empresa de hardware a un proveedor de servicios de tecnología, se adaptó al cambio gracias a una visión clara de ser un líder en soluciones tecnológicas. Una visión clara permite a la organización adaptarse a cambios externos, manteniendo su enfoque a largo plazo.

La visión es un don divino que proporciona dirección y propósito, tanto en la vida individual como en la organizacional. Los beneficios de tener una visión clara y bien articulada son vastos, y abarcan desde la paz espiritual hasta el éxito profesional. Al adoptar una visión firme, somos capaces de navegar los desafíos con fe, superar barreras emocionales y liderar organizaciones hacia un impacto duradero.

4

Los Enemigos de una Visión

La visión es el motor que impulsa a individuos y organizaciones hacia un futuro significativo. Sin embargo, hay obstáculos constantes que intentan apagar su fuerza. A lo largo de la historia y a través de las Escrituras, vemos cómo estos enemigos de la visión han frustrado sueños, paralizado a líderes y desviado a generaciones enteras. A continuación, exploramos los diez enemigos principales que deben ser identificados y superados para que la visión pueda florecer saludablemente.

1. Falta de Claridad

La visión debe ser clara y específica, como vemos en la vida de Pablo cuando recibió el llamado de Dios para llevar el evangelio a los gentiles.

Durante su camino a Damasco, Jesús le reveló una visión clara de su propósito: *"Levántate, porque para esto he aparecido a ti, para ponerte por ministro y testigo"* (Hechos 26:16).

Pablo no solo recibió una visión, sino que también fue instruido con precisión sobre el camino a seguir y a quién debía alcanzar. A partir de ese momento, su misión fue clara y su vida tomó un enfoque definido. De la misma manera, en el liderazgo moderno, una visión clara y específica guía a la organización y mantiene al equipo enfocado. Sin esta claridad, el proyecto puede desviarse fácilmente, como ocurre con las empresas que pierden el rumbo al no definir claramente sus objetivos.

2. Miedo al Fracaso

El miedo al fracaso paraliza incluso a los líderes más prometedores. El relato bíblico de los espías enviados por Moisés a la tierra prometida muestra cómo el miedo puede hacer que una visión se desvanezca. Diez de los doce espías temieron a los gigantes de la tierra (Números 13:31-33), y su miedo contagió al pueblo, retrasando la promesa de Dios.

Un ejemplo empresarial en Guatemala es el caso de Casa Royale, una tienda de muebles y electrodomésticos muy popular en el país durante décadas. Cuando el comercio electrónico comenzó a ganar fuerza en la región, la empresa tuvo la oportunidad de digitalizar sus operaciones e implementar una plataforma en línea. Sin embargo, por temor a perder su clientela tradicional y a los costos asociados con la transformación digital, la empresa decidió no invertir en una estrategia de e-commerce.

Mientras tanto, nuevos competidores como Pradera Online y plataformas como Linio aprovecharon la oportunidad de ofrecer compras en línea, entregas a domicilio y una experiencia de usuario más moderna.

El miedo al cambio y al fracaso por parte de Casa Royale resultó en una pérdida significativa de cuota de mercado, especialmente entre consumidores jóvenes que prefieren comprar en línea. Esto demuestra cómo el miedo al fracaso puede detener el crecimiento e impedir que una empresa se adapte a las nuevas tendencias del mercado.

3. Falta de Compromiso

Toda visión requiere sacrificio y persistencia. *"El hombre de doble ánimo es inconstante en todos sus caminos"* (Santiago 1:8). La falta de compromiso debilita el avance, dejando la visión en el terreno de lo irrealizable.

El gran inventor, Thomas Edison, es un buen ejemplo de este principio, dado que persistió donde otros abandonaron, logrando crear la bombilla eléctrica luego de más de mil intentos fallidos. Su compromiso hizo posible la luz eléctrica y demostró que la perseverancia convierte sueños en realidad.

4. Distracciones Externas

La historia de Rut es un ejemplo poderoso de cómo evitar distracciones externas y enfocarse en una visión clara puede conducir al éxito y al cumplimiento del propósito divino.

Tras la muerte de su esposo, Rut enfrentó una decisión difícil: quedarse en Moab, su tierra natal y segura, o seguir a Noemí hacia lo desconocido en Belén. Aunque la familiaridad de Moab podía ser tentadora, Rut eligió seguir a su suegra y actuar con valentía. Trabajó en el campo y siguió los consejos de Noemí con dedicación, lo que la llevó a conocer a Boaz, un pariente cercano que se convirtió en su redentor, garantizando el bienestar futuro para ambas.

Las distracciones desvían la atención y energía de lo importante. En el contexto organizacional, empresas como Yahoo! perdieron su enfoque al diversificar demasiado su portafolio y no concentrarse en su visión principal, lo que permitió que Google dominara el mercado de búsqueda.

5. Falta de Comunicación

Una visión sin comunicación es como una semilla plantada en tierra estéril. *"Por tanto, lo que habéis oído al oído, proclamadlo desde los terrados"* (Mateo 10:27). La falta de comunicación clara crea confusión y malentendidos. Un ejemplo es la empresa Blackberry, que no logró comunicar una visión convincente cuando la competencia con el iPhone y Android se intensificó. La visión debe inspirar y movilizar a todos.

6. Resistencia al Cambio

El pueblo de Israel, al salir de Egipto, resistió el cambio y anhelaba regresar a la esclavitud por temor a lo desconocido (Éxodo 16:3). La resistencia al cambio puede hacer naufragar la visión más prometedora.

Un ejemplo claro de cómo la resistencia al cambio puede destruir una visión es el caso de Kodak, la icónica empresa de fotografía. Kodak, fundada en 1888, fue líder mundial en la industria de la fotografía durante casi un siglo, pero fracasaron eventualmente por la falta de innovación.

Los ejecutivos de Kodak priorizaron sus rollos de películas y las ganancias a corto plazo, ignorando la fotografía digital, que inicialmente era menos rentable pero con gran potencial futuro. Mientras Kodak dudaba, Sony, Canon y Nikon dominaron el mercado digital. Cuando Kodak finalmente reaccionó, ya era demasiado tarde; habían perdido su ventaja. En 2012, la empresa se declaró en bancarrota, incapaz de adaptarse a la era digital.

7. Falta de Fe y Convicción

Dice Hebreos 11:6: *"Porque sin fe es imposible agradar a Dios"*. La falta de fe en la visión es uno de los mayores enemigos. Los líderes que dudan de su propia visión proyectan inseguridad a sus equipos. La fe de Steve Jobs en su visión de una computadora personal cambió el mundo, mientras que otros líderes de la industria tecnológica dudaban de su viabilidad. La convicción profunda permite que la visión sobreviva a las pruebas y críticas.

8. Falta de Recursos

Aunque la visión puede ser inspirada desde lo alto, su realización requiere recursos humanos y materiales. Esto lo vemos reflejado en las palabras de Jesús: *"Porque, ¿quién de vosotros, queriendo edificar una torre, no se sienta primero y calcula los gastos, a ver si tiene lo que necesita para acabarla?"* (Lucas 14:28).

Un ejemplo histórico es el ambicioso proyecto del Concorde, el avión supersónico desarrollado por Francia y el Reino Unido en los años 1960. Aunque la visión era revolucionaria y prometía cambiar el futuro de los viajes aéreos, el proyecto fue marcado por una falta de planificación financiera y recursos sostenibles.

Los costos desmedidos y el alto precio del mantenimiento llevaron al fracaso comercial, haciendo que el sueño se estrellara. La provisión adecuada y una administración sabia son esenciales para transformar una gran visión en una realidad duradera.

9. Críticas y Oposición

Toda visión desafía el status quo, y esto inevitablemente atrae oposición. Jesús mismo enfrentó constantes críticas de los fariseos y líderes religiosos (Mateo 23), pero nunca dejó de cumplir su misión. En el mundo empresarial, Elon Musk ha sido objeto de críticas y escepticismo en sus empresas, desde Tesla hasta SpaceX. Sin embargo, su capacidad para mantener el rumbo a pesar de las críticas ha sido clave para su éxito. La oposición puede ser una señal de que la visión es disruptiva y necesaria.

10. Impaciencia

Aunque la visión puede ser inspirada desde lo alto, su realización requiere recursos humanos y materiales. Proverbios 21:5 dice que *"los planes bien pensados: pura ganancia; los planes apresurados: puro fracaso."* Este versículo destaca la importancia de la planificación cuidadosa y nos recuerda que las decisiones apresuradas y sin preparación conducen al fracaso.

Mario Balotelli, una de las promesas más grandes del fútbol italiano, es un ejemplo claro de cómo la falta de paciencia y disciplina puede llevar al fracaso, incluso para un atleta con talento extraordinario. Considerado un prodigio del fútbol desde joven, debutó como profesional a los 17 años con el Inter de Milán y rápidamente se destacó por su habilidad, velocidad y capacidad para marcar goles.

Sin embargo, su actitud impulsiva, su comportamiento impredecible tanto dentro como fuera del campo, una vida personal marcada por la controversia, y numerosas historias de problemas legales y conflictos con sus entrenadores, lo afectó negativamente su carrera y le impidió alcanzar su máximo potencial. Pasó de ser una de las mayores promesas del fútbol a jugar en equipos de menor nivel en ligas menos competitivas.

Estos diez enemigos de la visión son comunes a lo largo de la historia, tanto en relatos bíblicos como en ejemplos modernos de liderazgo. Identificar y superar estos obstáculos es el camino hacia la realización de cualquier visión significativa.

La visión, como un regalo divino, debe ser protegida, nutrida y ejecutada con fe, paciencia y perseverancia. Al estar alerta a estos enemigos, podemos evitar las trampas que han frenado a muchos líderes y, en cambio, avanzar hacia el propósito que Dios ha puesto ante nosotros.

5

Errores al Implantar una Visión

Implantar una visión poderosa es emocionante y prometedor, pero está lleno de obstáculos que pueden arruinar hasta los mejores planes. Muchos líderes, motivados por la pasión, se concentran solo en la meta final y pasan por alto detalles cruciales que podrían frenar o destruir el sueño si no se abordan a tiempo. En este capítulo, exploraremos los errores más comunes al implementar una visión, sus consecuencias y compartiremos estrategias prácticas y bíblicas para evitarlos.

Error 1: No Contar con un Plan Estratégico

Tener una visión sin un plan es como intentar construir una casa sin planos. Muchos líderes se sienten inspirados por la visión, pero fallan al no desarrollar una estrategia clara para alcanzarla.

Jesús mismo nos enseñó la importancia de la preparación cuando dijo: *"Porque, ¿qué rey, al marchar a la guerra contra otro rey, no se sienta primero y considera si puede hacer frente con diez mil al que viene contra él con veinte mil?"* (Lucas 14:31).

Consejo Práctico: Divide la visión en metas a corto, mediano y largo plazo. Crea un plan detallado que incluya recursos necesarios, cronogramas y responsables. Revisa y ajusta el plan regularmente para mantener el rumbo.

Error 2: Ignorar la Cultura y Contexto de la Organización

Una visión puede ser poderosa, pero si no se adapta a la cultura y al contexto de la organización, se encontrará con resistencia. Cada comunidad tiene valores, normas y una forma particular de hacer las cosas. Imponer una visión sin tener en cuenta estos factores es un error costoso que puede generar conflictos y divisionismo.

Consejo Práctico: Conoce bien a tu equipo y a tu comunidad antes de introducir una nueva visión. Escucha sus preocupaciones y adáptate cuando sea necesario. Pablo mostró este principio en 1 Corintios 9:22: *"Me he hecho de todo para todos, a fin de salvar a algunos"*.

Error 3: Falta de Flexibilidad para Adaptarse al Cambio

Un error común es aferrarse demasiado a la visión inicial, sin dejar espacio para ajustes y adaptaciones. El entorno cambia, y la visión también debe evolucionar para mantenerse relevante. La rigidez puede paralizar el proceso y destruir la oportunidad de alcanzar el éxito.

Consejo Práctico: Mantén una actitud abierta y dispuesto a hacer ajustes cuando sea necesario. Revisa regularmente la visión y el plan para asegurarte de que siguen siendo relevantes.

Error 4: No Invertir en Comunicación Continua

La comunicación no termina una vez que se presenta la visión. Muchos líderes fallan al no mantener una comunicación constante y actualizada sobre el progreso y los desafíos. La falta de comunicación puede generar rumores, malentendidos y desmotivación en el equipo.

Consejo Práctico: Programa reuniones regulares para actualizar al equipo sobre el progreso y los desafíos. Usa diferentes canales de comunicación para mantener a todos informados. Como dice Santiago 1:19: *"Todo hombre sea pronto para oír, tardo para hablar, tardo para airarse".*

Error 5: Subestimar el Proceso de Transición

Al implantar una nueva visión, los líderes a menudo subestiman el tiempo y el esfuerzo que lleva la transición. Creen que los cambios se adoptarán rápidamente, pero cada cambio implica un proceso de ajuste para las personas involucradas. El cambio puede ser estresante y puede generar resistencia si no se maneja adecuadamente.

Consejo Práctico: Facilita la transición con paciencia y ofrece apoyo continuo. Reconoce los desafíos del cambio y proporciona entrenamiento y recursos para ayudar a las personas a adaptarse. Dice Eclesiastés 3:1 que *"Todo tiene su tiempo y su hora".*

Error 6: Ignorar la Retroalimentación

Un error frecuente es creer que la visión debe ser impuesta desde arriba sin tomar en cuenta la retroalimentación del equipo o de la comunidad. Cuando los líderes no escuchan las opiniones y preocupaciones de los demás, pueden perder oportunidades valiosas para mejorar la visión y ganar apoyo.

Consejo Práctico: Involucra al equipo en el proceso de desarrollo y ajuste de la visión. Escucha las ideas y sugerencias, y muestra que valoras sus opiniones. Como dice Proverbios 15:22: *"Los pensamientos se frustran donde no hay consejo; más en la multitud de consejeros se afirman".*

Error 7: No Adaptar la Visión a los Recursos Disponibles

A veces, los líderes desarrollan una visión ambiciosa, pero no consideran los recursos reales que tienen disponibles. Intentar ejecutar una visión sin los fondos, el personal o las herramientas necesarias puede llevar al fracaso y a la frustración del equipo.

Consejo Práctico: Realiza un análisis realista de los recursos disponibles antes de implantar la visión. Ajusta el alcance del proyecto para alinearlo con lo que tienes, y establece planes para adquirir recursos adicionales de manera gradual.

Error 8: Falta de Compromiso y Consistencia del Líder

Cuando el líder no muestra un compromiso firme con la visión, el equipo lo percibe y pierde motivación. La falta de consistencia en las acciones y decisiones puede enviar señales contradictorias, creando confusión y desconfianza.

Consejo Práctico: Sé el primero en demostrar compromiso con la visión. Habla de ella con frecuencia y alinea tus decisiones y acciones con el propósito de la visión. Como dijo Jesús en Mateo 5:37: *"Sea vuestro 'sí', sí; y vuestro 'no', no".*

Error 9: Esperar Resultados Inmediatos

Los líderes a menudo esperan ver resultados inmediatos después de implantar una nueva visión. Cuando los resultados no llegan rápidamente, pueden desanimarse y cambiar de dirección antes de darle tiempo al plan para madurar.

Consejo Práctico: Reconoce que toda visión requiere tiempo para desarrollarse. Define metas a corto, mediano y largo plazo para medir el progreso y celebrar las pequeñas victorias en el camino. Como dice Gálatas 6:9: *"No nos cansemos de hacer el bien, porque a su tiempo segaremos, si no desmayamos".*

Error 10: No Anticipar la Resistencia al Cambio

La resistencia al cambio es la tendencia natural de las personas o equipos a evitar o rechazar nuevas ideas, procesos o transformaciones, prefiriendo mantener el estado actual por comodidad o miedo a lo desconocido. Ignorar esta resistencia o no manejarla puede paralizar tu proceso de implantación.

Consejo Práctico: Anticipa la resistencia y aborda las preocupaciones desde el principio. Comunica los beneficios del cambio y escucha las inquietudes de los involucrados. Como Nehemías, busca aliados y personas de influencia que te apoyen y ayuden a liderar el cambio.

Error 11: Falta de Evaluación y Ajustes Continuos

Una vez implantada la visión, algunos líderes no evalúan el progreso ni realizan ajustes según sea necesario. La falta de evaluación puede llevar a que los problemas pasen desapercibidos hasta que sea demasiado tarde para corregirlos.

Consejo Práctico: Implementa un sistema de evaluación continua para monitorear el progreso y hacer ajustes. Escucha al equipo y a la comunidad para identificar áreas que necesitan mejorar. Proverbios 27:23 dice: *"Sé diligente en conocer el estado de tus ovejas, y mira con cuidado por tus rebaños"*, lo que nos recuerda la importancia de estar atentos y supervisar constantemente.

Error 12: Descuidar el Apoyo Espiritual

Diótrefes es un personaje del Nuevo Testamento que ejemplifica cómo el descuido del apoyo espiritual puede llevar a un liderazgo fallido. La breve mención de Diótrefes en la tercera carta de Juan nos muestra a un líder de la iglesia que, en su afán por mantener el control y el poder, se apartó de la dirección espiritual, rechazo el consejo y le faltó la humildad necesaria para liderar efectivamente (3 Juan 9-10)

Consejo Práctico: Ora regularmente por la visión y busca la dirección de Dios en cada paso del proceso. Involucra a otros en la oración y haz de la intercesión una parte central de la implantación de la visión. La oración colectiva fortalece la unidad, genera discernimiento, aumenta la fe y nos ayuda a enfrentar obstáculos con confianza y paz en Dios.

Detente y Reflexiona

En este capítulo hemos explorado los errores más comunes que enfrentan los líderes al implantar una visión, errores que van desde la falta de claridad en la comunicación hasta la ausencia de planificación estratégica y el subestimar la resistencia al cambio. Estos obstáculos no solo pueden retrasar el proceso, sino que tienen el potencial de desviar el proyecto de su curso o incluso hacerlo fracasar por completo.

A menudo, estos errores surgen de la impaciencia, la falta de preparación o el enfoque excesivo en la meta final, dejando de lado los detalles esenciales que permiten a la visión enraizarse y crecer. La implantación exitosa de una visión requiere sabiduría, paciencia y una disposición para escuchar y adaptarse, tanto a las necesidades del equipo como a los desafíos del entorno.

En lugar de ver los errores como fracasos definitivos, los líderes deben considerarlos como oportunidades para aprender y ajustar el rumbo. El liderazgo eficaz implica estar dispuesto a evaluar, corregir y recalibrar constantemente, confiando en la dirección divina mientras se toman decisiones prácticas y sabias.

Con una base sólida de principios bíblicos y una actitud abierta hacia la mejora continua, los líderes pueden superar estos obstáculos y guiar a sus organizaciones hacia el cumplimiento de la visión. Al reconocer y evitar estos errores, se aumenta significativamente la probabilidad de que la visión se materialice, trayendo transformación y cumplimiento del propósito para el cual fue concebida.

6

Pensamiento de Gran Escala

La visión es mucho más que una idea brillante; es la capacidad de ver un futuro que otros no ven y de formular un plan estratégico claro para alcanzarlo. En la Biblia, vemos repetidamente cómo Dios inspira a los líderes con una visión poderosa que trasciende sus propias capacidades, limitaciones y contextos. Esta visión les da fuerza para perseverar y guía sus decisiones, incluso en medio de incertidumbre y oposición.

Un ejemplo claro de esto es el mandato dado por Pablo a Timoteo: *"Retén la forma de las sanas palabras que de mí oíste, en la fe y amor que es en Cristo Jesús"* (2 Timoteo 1:13). Este principio se aplica tanto al liderazgo espiritual como al mundo corporativo, donde una visión clara y compartida es la clave para el crecimiento y la multiplicación.

Sin embargo, el verdadero desafío de la visión no es solo concebirla, sino ejecutarla. Muchos líderes, tanto en la iglesia como en el mundo empresarial, piensan en pequeño y limitan su visión al entorno inmediato, funcionando como una pequeña tienda de pueblo, en lugar de adoptar una mentalidad expansiva como la de Walmart o McDonald's.

Para entender mejor este principio, exploremos cómo una visión limitada puede restringir el impacto, mientras que una visión expansiva puede llevar al crecimiento y la transformación.

Mentalidad de "Tienda de Pueblo" vs. "Walmart"

Esta sección debe enfocar en lo que es la ventaja estratégica. Entonces, imaginemos una tienda de pueblo. En una tienda pequeña, encuentras productos básicos y una selección limitada. Es útil para los habitantes locales, pero no está diseñada para atender a una amplia variedad de necesidades ni para atraer a personas de fuera del pueblo. Su alcance es limitado, su inventario es escaso y, aunque puede sobrevivir, nunca se expandirá más allá de su pequeño rincón.

Por otro lado, pensemos en Walmart. La estrategia de Walmart es ser omnipresente y ofrecer una variedad casi infinita de productos. Hay un Walmart en cada ciudad importante y en muchas áreas rurales. ¿Por qué? Porque Walmart entiende que para tener impacto, deben estar presentes donde las personas están y ofrecer lo que necesitan. Esta mentalidad expansiva refleja una visión que va más allá de la tienda local; es una visión estratégica y de multiplicación.

Un Paradigma Limitado: La Iglesia y los Templos

En la historia de la iglesia, hubo un cambio significativo cuando el emperador Constantino legalizó el cristianismo y promovió la construcción de templos. Antes de esto, la iglesia primitiva se reunía en casas, un modelo que permitía la multiplicación rápida y la expansión orgánica del Evangelio (Hechos 2:46). Pero al trasladar las reuniones a grandes edificios y centralizar las actividades, la iglesia perdió parte de su capacidad de expansión.

Hoy, muchas iglesias siguen atrapadas en esta mentalidad de *"templo"*, limitando su visión al edificio físico. Se enfocan en llenar un lugar específico en lugar de llenar la ciudad con el mensaje de Cristo. Como resultado, estas iglesias experimentan crecimiento limitado y pierden conexión con las generaciones más jóvenes, que buscan comunidad y relevancia fuera de las cuatro paredes del templo.

La iglesia no es el edificio; la iglesia somos las personas. Jesús mismo nunca construyó un templo, sino que llevó su ministerio a donde estaban las personas: a las calles, a los hogares, al pozo de agua donde encontró a la mujer samaritana (Juan 4). Si nuestra visión está confinada a un edificio, estamos limitando el alcance del Evangelio. En cambio, si adoptamos una visión expansiva, podemos impactar a toda la comunidad y más allá.

El Ejemplo de Starbucks: Estrategia y Multiplicación

Imaginemos por un momento a Starbucks, la icónica cadena de café que ha conquistado el mundo. Es probable que en muchas ciudades existan pequeñas cafeterías que preparan un café mucho mejor que Starbucks, con ingredientes más frescos y una atención más personalizada. Sin embargo, ninguna de estas cafeterías vende tanto como Starbucks. ¿Por qué? Porque el éxito de Starbucks no se basa únicamente en la calidad del café, sino en una estrategia de presencia y expansión bien diseñada.

Starbucks entendió desde el principio que su negocio no era solo vender café, sino crear una experiencia y estar presente en la vida diaria de las personas. Por eso, no es raro encontrar un Starbucks en casi cada esquina, en centros comerciales, aeropuertos y en muchas áreas urbanas. La clave de su éxito es la consistencia y accesibilidad. Dondequiera que vayas, sabes que puedes encontrar tu bebida favorita preparada de la misma manera. Starbucks se convirtió en el *"tercer lugar"* entre el hogar y el trabajo, un sitio donde las personas pueden relajarse, trabajar o socializar.

La visión expansiva no se limita a tener un producto excelente; se trata de estar donde las personas están, de ser accesible y relevante en su vida cotidiana. Starbucks no espera que los clientes busquen su tienda; lleva la tienda a ellos. Esto se asemeja a la misión de la iglesia y del liderazgo organizacional. Si solo nos enfocamos en llenar un espacio físico o un lugar de culto, limitamos nuestro alcance. Pero si llevamos el mensaje, los recursos y la experiencia a donde la gente ya está, entonces podemos impactar a más personas de manera significativa.

En el mundo organizacional y ministerial, la estrategia debe ir más allá del producto o del servicio central. Una iglesia que ofrece recursos para familias, empresarios, jóvenes y ancianos, y que tiene presencia en comunidades locales a través de grupos pequeños, actividades comunitarias y medios digitales, se convierte en una iglesia relevante y expansiva. Así como Starbucks se convirtió en un punto de encuentro en la vida diaria, una iglesia con visión puede ser un punto de encuentro espiritual, emocional y práctico para toda la comunidad.

La Visión de la Multiplicación: Más Allá del Edificio

La visión correcta para la iglesia es adoptar un modelo de multiplicación y expansión, similar al de los primeros cristianos. La iglesia primitiva crecía diariamente porque se reunían en las casas y compartían todo con alegría y generosidad (Hechos 2:47). No estaban limitados por un horario de servicios o un lugar físico; su visión era ser la iglesia en todas partes.

En el ámbito organizacional, una visión expansiva es lo que permite a una empresa evolucionar más allá de sus productos iniciales y anticipar las necesidades futuras de los clientes. Un excelente ejemplo de esto es Netflix. Originalmente, Netflix comenzó en 1997 como un servicio de alquiler de DVD por correo, compitiendo con gigantes de la industria como Blockbuster. Su oferta inicial era simple: alquilar películas enviadas directamente al hogar del cliente, eliminando la necesidad de ir a una tienda de alquiler.

Sin embargo, los fundadores de Netflix, Reed Hastings y Marc Randolph, tuvieron una visión que iba mucho más allá de los DVDs. En lugar de quedarse atrapados en el modelo de negocio original, Netflix expandió su visión para incluir el streaming digital. Entendieron que el futuro del entretenimiento no estaba en los discos físicos, sino en el acceso inmediato y digital a contenido audiovisual. Esta visión les permitió pivotar de ser una empresa de alquiler de películas a convertirse en una plataforma de streaming global. A través de una inversión temprana en tecnología de streaming y la creación de un ecosistema de contenido, Netflix desarrolló un catálogo vasto de películas y series originales, transformando la manera en que el mundo consume entretenimiento.

Una visión expansiva va más allá del producto inicial; se enfoca en el panorama completo y en cómo la empresa puede evolucionar para satisfacer las necesidades cambiantes del mercado. Si Netflix hubiera permanecido solo como un servicio de alquiler de DVD, hoy sería irrelevante, como sucedió con muchas otras empresas del sector.

En el contexto del liderazgo y las organizaciones, el principio es el mismo: los líderes deben ser capaces de mirar más allá del presente y ver el potencial futuro. Una visión expansiva permite a las empresas adaptarse y crecer, ofreciendo nuevas soluciones y productos que van más allá de sus ofertas originales. Una organización con visión puede evolucionar y reinventarse para satisfacer las demandas de su audiencia

De Todo para Todos

Si tienes una visión expansiva, tu enfoque no debe ser solo llenar un lugar físico, sino llenar necesidades. Una iglesia o una empresa con visión ofrece recursos y programas para todos: para familias, jóvenes, empresarios, ancianos y niños. No se trata de acumular personas, sino de formar discípulos y de ofrecer algo que nutra a cada persona donde se encuentra.

En términos organizacionales, esta es la razón por la cual empresas como Amazon han tenido tanto éxito. Amazon no se limita a vender libros (su producto inicial); ha diversificado su oferta para incluir de todo, desde productos electrónicos hasta servicios en la nube. Jeff Bezos tuvo la visión de crear *"la tienda de todo"*, y esa mentalidad de expansión ha convertido a Amazon en uno de los gigantes del comercio global.

Detente y Reflexiona

¿Cuál es tu visión como líder? ¿Es pequeña como la de una tienda local o expansiva como la de Walmart? ¿Estás enfocado solo en llenar un edificio o en impactar una comunidad entera? Jesús no llamó a construir templos, sino a *"hacer discípulos de todas las naciones"* (Mateo 28:19). Una verdadera visión no se limita a lo inmediato; sueña con lo eterno y sin fronteras.

En lugar de centrarte solo en lo que pasa dentro de tu iglesia u organización, adopta una visión expansiva que alcance más allá. Que tu visión no se base en ser el mejor, sino en estar presente donde la gente lo necesita, como Walmart, que ofrece algo para todos.

La diferencia entre una *"mentalidad de tienda local"* y una *"mentalidad Walmart"* no está en el producto, sino en la estrategia y la amplitud de la visión. Una iglesia que crece no es necesariamente la que tiene mejor mensaje, sino la que tiene una visión amplia y expansiva. Jesús nos dio esa visión cuando dijo: *"Seréis mis testigos en Jerusalén, en toda Judea y Samaria, y hasta lo último de la tierra"* (Hechos 1:8).

7

Actualízate Contínuamente

Uno de los ejemplos más icónicos de temor al cambio en la historia empresarial moderna es el de Nokia, una empresa finlandesa que fue líder en la industria de teléfonos móviles durante la década de los 90 y principios de los 2000. Nokia pasó de ser el mayor fabricante de teléfonos móviles del mundo a perder casi todo su mercado debido a su incapacidad para adaptarse al cambio y a las nuevas tendencias tecnológicas.

Sin embargo, cuando los teléfonos inteligentes comenzaron a ganar popularidad, Nokia no supo adaptarse. En 2007, Apple lanzó el primer iPhone, un dispositivo que revolucionó la industria de los teléfonos móviles al introducir una pantalla táctil y un sistema operativo moderno con aplicaciones.

A pesar del impacto del iPhone, los ejecutivos de Nokia no creyeron que esta nueva tendencia afectaría su negocio. Pensaron que su éxito con los teléfonos tradicionales continuaría y decidieron no actualizar su sistema operativo Symbian, que era la base de sus dispositivos.

En la vida y en el liderazgo, uno de los mayores obstáculos para cumplir una visión es el temor al cambio. Muchos líderes se aferran a métodos, estrategias y prácticas que, aunque fueron exitosos en el pasado, ya no funcionan en el presente. Sin embargo, tener una visión significa estar dispuesto a evolucionar, a actualizarse y a adaptarse a las nuevas realidades.

Como Jesús mismo enseñó, *"Nadie pone vino nuevo en odres viejos; de otra manera, el vino nuevo rompe los odres, y el vino se derrama, y los odres se pierden; pero el vino nuevo en odres nuevos se ha de poner"* (Lucas 5:37-38). Los odres viejos representan métodos y estrategias que han sido útiles en el pasado, pero que ya no pueden contener lo nuevo que Dios quiere hacer. Si insistimos en usar odres viejos, corremos el riesgo de perder tanto el vino como los odres. De la misma manera, si insistimos en utilizar métodos anticuados para cumplir nuestra visión, corremos el riesgo de perder relevancia y efectividad.

El Miedo al Cambio: Un Enemigo Silencioso

Toys "R" Us fue una vez el mayor minorista de juguetes en el mundo. La cadena era el destino principal para familias durante la temporada navideña y para cumpleaños infantiles. Sin embargo, con el cambio en las tendencias del consumidor y el crecimiento del comercio electrónico, Toys "R" Us no logró actualizar su modelo de negocio. Toys "R" Us se rezagó al no invertir en comercio electrónico como Amazon y Walmart, confiando demasiado en sus tiendas físicas. Al no adaptarse a las nuevas preferencias de compra en línea, se declaró en bancarrota en 2017 y cerró todas sus tiendas en EE.UU.

Esta historia nos muestra que el miedo al cambio y a la actualización puede ser devastador. Si tenemos una visión, debemos estar dispuestos a actualizar nuestros métodos y adaptarnos a las nuevas realidades. Lo mismo aplica en el ámbito espiritual. En 1 Crónicas 12:32, se menciona a los hijos de Isacar, que eran entendidos en los tiempos y sabían lo que Israel debía hacer. Ellos no temían el cambio; comprendían que para cumplir con la visión, era necesario actualizarse y adaptarse a las circunstancias.

Adaptarse o Desaparecer

El principio de *"Adaptarse o Desaparecer"* es una lección fundamental para cualquier líder, ya sea en el ámbito empresarial, ministerial o personal. Implica que el éxito y la relevancia de un líder dependen de su capacidad para responder a los cambios del entorno, ajustar sus estrategias y evolucionar con los tiempos. Si un líder no es capaz de adaptarse, corre el riesgo de volverse obsoleto y de perder impacto, influencia y relevancia.

En el liderazgo, *"adaptarse"* significa estar dispuesto a innovar y a explorar nuevos métodos para cumplir la visión. Muchos líderes se aferran a prácticas y estrategias que funcionaron en el pasado, sin darse cuenta de que las necesidades del presente han cambiado. Por ejemplo, durante la pandemia de COVID-19, muchos líderes religiosos tuvieron que adaptarse rápidamente a plataformas en línea para seguir conectados con sus congregaciones. Aquellos que se negaron a cambiar perdieron contacto con su comunidad, mientras que los que se adaptaron lograron mantener la relevancia y el impacto.

Debemos entender que el cambio es siempre una oportunidad y no una amenaza. Los líderes exitosos ven los desafíos como una posibilidad para reinventarse y mejorar. Adaptarse implica ajustar la visión para aprovechar las nuevas realidades, sin comprometer los valores o principios fundamentales. Es el equilibrio perfecto entre flexibilidad y aprender en contra punto con firmeza y accionar.

En Proverbios 9:9 se nos dice: *"Da instrucción al sabio, y será más sabio; enseña al justo, y aumentará su saber."* Los líderes que abrazan el aprendizaje continuo y están abiertos al cambio son los que pueden guiar a sus equipos a través de tiempos de incertidumbre.

Abandona la Comodidad

Muchos líderes temen actualizarse porque implica salir de su zona de confort y enfrentar lo desconocido. Es natural sentir inseguridad al probar algo nuevo, pero actualizarse es un acto de fe. En Hechos 10, vemos cómo Pedro tuvo que actualizar su visión del Evangelio. Dios le mostró en un sueño que el mensaje de salvación debía ser llevado también a los gentiles, algo que iba en contra de su tradición y costumbre.

Pedro podría haber rechazado esta actualización, pero en lugar de eso, aceptó el cambio, obedeció a Dios y llevó el Evangelio a la casa de Cornelio, abriendo la puerta para que los gentiles también recibieran la salvación y el mensaje transformador de Cristo.

Actualizarse significa estar abiertos a lo que Dios quiere hacer ahora, incluso si eso nos lleva fuera de nuestras tradiciones. Jesús fue un maestro en desafiar las costumbres y actualizar la manera en que la gente entendía a Dios. Él sanaba en el día de reposo, comía con pecadores y enseñaba en parábolas. Si Jesús hubiera seguido los métodos tradicionales de los fariseos, su ministerio no habría tenido el impacto revolucionario que tuvo.

Aferrados al Pasado

El profeta Isaías dijo: *"No os acordéis de las cosas pasadas, ni traigáis a memoria las cosas antiguas. He aquí que yo hago cosa nueva; pronto saldrá a luz"* (Isaías 43:18-19). Dios es un Dios de novedades. Él no cambia, pero Su manera de obrar sí puede cambiar, y debemos estar listos para movernos con Él. Aferrarnos al pasado y a métodos antiguos es como tratar de poner vino nuevo en odres viejos; nos arriesgamos a perder lo nuevo que Dios quiere hacer.

Un ejemplo bíblico de esto es Saúl, el primer rey de Israel. Saúl comenzó su reinado con éxito, pero se aferró a su poder y no estuvo dispuesto a actualizar su manera de liderar cuando Dios lo llamó a hacerlo, ignorando Su voluntad y prioridades. Como resultado, fue reemplazado por David, un hombre dispuesto a adaptarse, obedecer, aprender y seguir la dirección de Dios con humildad y compromiso.

Actualizarse no es Negociar la Visión

Es importante aclarar que actualizarse no significa comprometer la visión. La visión sigue siendo la misma; es el método lo que debe cambiar. La visión de hacer discípulos, como lo enseñó Jesús, no ha cambiado, pero los métodos sí deben adaptarse a las generaciones y a los contextos culturales. En el mundo corporativo, esto se ve en marcas como Nike, que mantiene su misión de inspirar a los atletas, pero constantemente actualiza sus estrategias de marketing para mantenerse relevante.

Detente y Reflexiona

Si tienes una visión, no tengas miedo de actualizarte. El cambio es inevitable, pero aquellos que están dispuestos a adaptarse son los que prosperan. Jesús nos mostró que no debemos poner vino nuevo en odres viejos; debemos estar dispuestos a cambiar para contener lo nuevo que Dios quiere hacer. La actualización no es una amenaza para tu visión; es la herramienta que Dios usa para llevarla al siguiente nivel.

Recuerda, lo que funcionó ayer puede no funcionar hoy. La historia nos muestra que aquellos que no se actualizan, desaparecen, mientras que los que se adaptan prosperan y multiplican su impacto. Así que, si tienes una visión, confía en Dios y atrévete a actualizarte.

8

Enfoque en Hijos, No en Admiradores

En el liderazgo, tanto en el ámbito ministerial como en el corporativo, se habla mucho de seguidores y admiradores, aquellos que están presentes en los momentos de éxito, aplaudiendo y celebrando. Sin embargo, estos *"fans"* son temporales; están hoy, pero mañana pueden desaparecer.

La verdadera multiplicación de una visión no ocurre a través de los admiradores, sino a través de los hijos, aquellos que toman la visión como suya, la cuidan, la protegen y la multiplican. Jesús nos dejó un ejemplo claro de este principio en Marcos 6:31: *"Él les dijo: Venid vosotros aparte a un lugar desierto, y descansad un poco. Porque eran muchos los que iban y venían, de manera que ni aún tenían tiempo para comer."*

Aquí vemos a Jesús rodeado de multitudes, pero elige apartar a sus discípulos, sus *"hijos espirituales"*, para impartirles algo más profundo.

Admiradores vs. Hijos

En cualquier organización o ministerio, es fácil confundir a los seguidores entusiastas con verdaderos hijos de la visión. Los fans son como el público que va a un concierto: están allí para disfrutar el espectáculo, aplaudir y quizás tomar una foto. Los hijos, en cambio, son como los músicos y el equipo de producción detrás del escenario: ellos son los que trabajan, ensucian sus manos y aseguran que el evento sea un éxito. Los fans celebran, pero los hijos construyen.

Un ejemplo moderno de este principio se ve en muchas empresas tecnológicas. Durante los primeros años de Facebook, millones de usuarios se sumaban cada día, disfrutando de la red social. Sin embargo, el verdadero crecimiento no vino de esos usuarios *"fans"*, sino de los empleados clave, aquellos que trabajaban detrás de escena, día y noche, para desarrollar nuevas funcionalidades y escalar la plataforma. Mark Zuckerberg se rodeó de personas que compartían su visión, sus *"hijos"* en la empresa, quienes llevaron a Facebook de ser una startup universitaria a convertirse en una de las compañías más influyentes del mundo.

Obreros, no Superestrellas

Jesús entendía este principio profundamente. En el pasaje de Marcos 6:31, vemos que sus discípulos ni siquiera tenían tiempo para comer debido a la cantidad de personas que iban y venían.

Jesús no los llamó a ser celebridades; los llamó a ser obreros. Aquí hay una lección crucial para los líderes modernos: el verdadero crecimiento de una visión no viene de las superestrellas, sino de los obreros comprometidos, aquellos que están dispuestos a ensuciarse las manos y hacer el trabajo duro.

Hoy en día, estamos rodeados de *"superestrellas"* del liderazgo, aquellos que brillan en las plataformas, que tienen miles de seguidores en las redes sociales y que parecen ser el centro de atención. Pero, ¿qué pasa cuando las luces se apagan y el escenario queda vacío? La visión no se sostiene por fans ni por celebridades, sino por aquellos que están dispuestos a trabajar en el campo, a soportar el frío, el hambre y las dificultades para que la misión se cumpla. Es como el dicho popular: *"Las estrellas están en el cielo, pero los obreros están en el campo."*

De Fans a Hijos: Un Cambio de Perspectiva

En la iglesia primitiva, vemos un modelo de multiplicación basado en hijos espirituales, no en seguidores superficiales. Pablo, el apóstol, fue un maestro en este principio. Él no solo predicaba y creaba admiradores; formaba discípulos que tomaban la visión como propia. Leemos en 2 Timoteo 2:2: *"Lo que has oído de mí ante muchos testigos, esto encarga a hombres fieles que sean idóneos para enseñar también a otros."* Pablo no buscaba llenar auditorios; buscaba formar líderes que pudieran enseñar a otros y multiplicar la visión.

Imaginemos a Pablo hoy en día, rodeado de seguidores en las redes sociales. Podría haber sido una *"superestrella"*, con miles de personas aplaudiendo sus sermones, pero su enfoque era diferente.

Él dedicó tiempo a discipular a Timoteo, a Tito y a otros líderes clave. Estos eran sus *"hijos"*, aquellos que llevarían adelante la visión mucho después de que él no estuviera presente.

El Problema de la Falta de Obreros

En el liderazgo moderno, tanto en la iglesia como en el mundo corporativo, enfrentamos un problema similar: hay una abundancia de predicadores y oradores motivacionales, pero una escasez de obreros. Jesús mismo dijo: *"La mies es mucha, pero los obreros son pocos"* (Mateo 9:37). ¿Por qué ocurre esto? Porque muchos líderes se enfocan en atraer seguidores, en lugar de formar a los verdaderos hijos de la visión. Atraemos a fans con eventos espectaculares y mensajes emocionantes, pero fallamos en formar a obreros dispuestos a trabajar arduamente en el campo.

En una empresa, esto es como tener un equipo lleno de vendedores brillantes que pueden hacer grandes presentaciones, pero carecen de empleados comprometidos en el área de producción y logística, quienes hacen que el producto realmente llegue al cliente. Sin obreros, la visión se detiene en el escenario y nunca llega a convertirse en una realidad tangible.

Facultar a los Hijos para Correr con la Visión

La verdadera multiplicación de la visión ocurre cuando los hijos la toman como propia y corren con ella. En Lucas 10:1-2, Jesús envía a sus discípulos de dos en dos, dándoles autoridad para predicar, sanar y expulsar demonios. No los envió como espectadores; los envió como embajadores de su visión.

Jesús les dio autoridad completa y los facultó para hacer el mismo trabajo que Él hacía. En lugar de ser el "hombre orquesta", Jesús delegó la misión y permitió que sus discípulos experimentaran el poder de la visión en acción, descubriendo su potencial, desarrollando su fe y aprendiendo a impactar a las personas de manera transformadora.

Imaginemos una situación hipotética: si Jesús hubiera insistido en hacerlo todo Él mismo, ¿qué habría pasado cuando ya no estuviera físicamente presente? La misión se habría detenido. Pero porque formó y facultó a hijos espirituales, la visión se multiplicó y llegó a todas las naciones, mucho más allá de lo que cualquier orador o predicador podría haber logrado solo.

El Desafío para los Líderes Modernos

Como líderes, enfrentamos una decisión importante: ¿queremos ser rodeados de *"fans"* o de hijos? Los fans celebran nuestro éxito, pero no están ahí para construir. Los hijos, en cambio, toman la visión como propia, la cuidan y la multiplican, incluso cuando nosotros ya no estamos presentes. Los líderes que entienden esto se enfocan en formar discípulos, en entrenar a sus equipos y en facultar a otros para llevar adelante la misión.

En el mundo corporativo, esto significa desarrollar líderes internos que compartan la visión de la empresa y puedan llevarla adelante con la misma pasión y compromiso. En el ministerio, significa discipular a personas que no solo asistan a los servicios, sino que se conviertan en obreros comprometidos, multiplicando esfuerzos para que el Reino de Dios avance en cada lugar.

Detente y Reflexiona

La multiplicación de la visión solo ocurre cuando dejamos de enfocarnos en los fans y empezamos a formar a los hijos. Jesús nos dio el ejemplo perfecto: no solo predicó a las multitudes, sino que invirtió en sus discípulos, sus hijos espirituales, quienes llevaron la misión mucho más allá de lo que Él pudo hacer solo. En el liderazgo, la clave no es cuántos seguidores tienes, sino en cuántos hijos estás formando.

Recuerda: las estrellas están en el cielo, pero los obreros están en el campo. Si quieres que tu visión perdure y se multiplique, invierte en formar obreros, aquellos que están dispuestos a ensuciarse las manos y a hacer el trabajo necesario. Porque al final del día, los fans se van, pero los hijos son los que llevan la visión hacia adelante, asegurando que crezca y prospere a lo largo de generaciones.

9

Multiplicando a Través de Equipos

En el liderazgo, tanto espiritual como corporativo, uno de los errores más comunes es intentar hacerlo todo solo. Incluso si tu visión es clara y ambiciosa, si no formas equipos para ejecutarla, terminarás desgastado y limitado. Este principio es evidente en las Escrituras y en las mejores prácticas empresariales.

Cuando Dios le habló a Moisés en Números 11:16-17, le dijo: *"Reúneme setenta varones de los ancianos de Israel, que tú sabes que son ancianos del pueblo... Y tomaré del espíritu que está en ti y pondré en ellos; y llevarán contigo la carga del pueblo, y no la llevarás tú solo"*. Aquí vemos que la multiplicación y la expansión solo ocurren cuando la visión se comparte y se delega a otros.

En este capítulo, exploraremos el poder de la visión corporativa y cómo formar equipos sólidos es clave para multiplicar tu impacto. Veremos ejemplos de liderazgo, tanto bíblico como organizacional, que nos enseñan que los grandes sueños no se cumplen solos; se realizan a través de personas comprometidas que llevan en su corazón la misma visión.

El Modelo Jetro: Delegar para Multiplicar

Antes de que Dios le hablara a Moisés acerca de formar equipos, su suegro, Jetro, ya le había dado un consejo similar. Jetro le dijo a Moisés que no podía seguir cargando solo con todas las responsabilidades del pueblo. Moisés estaba a punto de colapsar por el peso de las decisiones y problemas que debía resolver. Jetro le dijo: *"Escoge tú de entre todo el pueblo varones de virtud... y ponlos sobre mil, sobre cien, sobre cincuenta y sobre diez"* (Éxodo 18:21).

Imagina si Moisés hubiera ignorado este consejo y continuado intentando hacerlo todo él mismo. ¿Cuánto tiempo habría durado antes de agotarse por completo? En cambio, al delegar responsabilidades y formar equipos, pudo multiplicar su influencia y liderar al pueblo con eficacia.

Lo mismo ocurre en el liderazgo corporativo: si el CEO de una empresa intenta encargarse de cada decisión, desde las estratégicas hasta las operativas, el crecimiento se estanca. Los líderes que entienden el poder de la delegación y la formación de equipos pueden escalar su visión y lograr más de lo que podrían solos. Delegar permite enfocarse en las prioridades, maximizar recursos y empoderar a otros para innovar, lo que fortalece la organización a largo plazo.

Jesús y Sus Equipos: Un Modelo de Multiplicación

Jesús es el ejemplo máximo de un líder que entendió la importancia de formar equipos. No trabajó solo, sino que creó varios niveles de liderazgo dentro de su ministerio, cada uno con un propósito específico.

1. Los 3: El Equipo Íntimo

Jesús tenía un círculo cercano compuesto por Pedro, Santiago y Juan. Este era su equipo más íntimo, aquellos a quienes llevó a lugares donde los demás no fueron, como el Monte de la Transfiguración (Mateo 17:1-2). Estos tres recibieron revelaciones y secretos que no compartió con el resto. En el mundo corporativo, este equipo íntimo podría ser visto como el grupo ejecutivo, aquellos que tienen acceso directo al líder y participan en decisiones estratégicas y confidenciales.

2. Los 12: El Equipo de Gobierno

Los 12 apóstoles representaban a aquellos a quienes Jesús delegó autoridad para enseñar y gobernar. Eran responsables de supervisar a otros y llevar la visión de Jesús a diferentes lugares. En una organización, este equipo podría compararse con los directores de departamento o los líderes de proyectos clave. Estos individuos llevan la visión del líder, implementan estrategias y aseguran que la misión de la empresa se cumpla.

3. Los 70: El Equipo de Expansión

Jesús también envió a 70 discípulos a evangelizar y sanar en diferentes ciudades (Lucas 10:1). Estos eran los encargados de llevar el mensaje más allá, expandiendo el alcance del ministerio. En el ámbito corporativo, los 70 serían el equipo de ventas o de expansión, aquellos que llevan la visión de la empresa a nuevas regiones y mercados.

El éxito de Jesús estuvo en que sus equipos compartían su visión y propósito. No solo delegó tareas, sino que les impartió su corazón y misión, dándoles poder para actuar en su nombre. En liderazgo, esto es esencial: no es solo asignar tareas, sino transmitir la visión para que los equipos la ejecuten con la misma pasión y excelencia.

El Error de Centralizar Todo

Hoy en día, muchos líderes están agotados y desmotivados porque no han aprendido a compartir la carga. Intentan llevar toda la responsabilidad, creyendo que nadie más puede hacer el trabajo como ellos. Pero este es un error que limita la multiplicación de la visión. Recuerda esto: uno suma, muchos multiplican.

Un ejemplo claro de este mismo principio en el contexto japonés es Toyota, específicamente bajo el liderazgo de Kiichiro Toyoda, el fundador de la empresa automotriz moderna, y posteriormente Eiji Toyoda, quien transformó la visión de la compañía a través de la implementación del sistema de producción de Toyota, conocido como *"Lean Manufacturing"* o Just-in-Time.

Más Allá de una Fábrica de Autos

Toyota comenzó como una empresa textil, y fue Kiichiro Toyoda quien tuvo la visión de expandirla hacia la fabricación de automóviles. Sin embargo, su éxito no se basó solo en la calidad del producto, sino en su visión corporativa de crear un sistema eficiente y escalable para producir vehículos de alta calidad a bajo costo. Toyoda entendió que no podría lograr esta visión solo; necesitaba formar equipos y delegar, compartiendo su visión de eficiencia y calidad.

Al principio, Toyota enfrentó desafíos significativos. Japón estaba devastado después de la Segunda Guerra Mundial, y la industria automotriz era prácticamente inexistente. Sin embargo, Kiichiro formó equipos que compartían su visión y les impartió su espíritu de innovación y mejora continua.

Este principio de delegar y multiplicar el esfuerzo a través de equipos cohesivos fue la clave para el crecimiento inicial de Toyota. Este sistema de trabajo creado por Eiji Toyoda, sobrino de Kiichiro, se llama *"Toyota Production System"* (TPS), y hoy en día es el modelo estándar de las líneas de producción automotriz global. Este sistema se basaba en la formación de equipos pequeños, conocidos como *"células de trabajo"*, que tenían la autoridad para tomar decisiones y hacer mejoras en el proceso de producción.

El Poder de Delegar y Multiplicar

La estrategia de Jesús al formar equipos fue un claro ejemplo de multiplicación. Si hubiera trabajado solo, su impacto habría sido limitado. Pero al crear discípulos que a su vez formaron a otros, su mensaje se multiplicó exponencialmente, alcanzando a todas las naciones. En el libro de Hechos, vemos el resultado de esta estrategia de multiplicación: *"Y el Señor añadía cada día a la iglesia los que habían de ser salvos"* (Hechos 2:47).

La iglesia creció no solo por la predicación de Pedro o Pablo, sino porque los creyentes formaron equipos, compartieron la visión y multiplicaron el esfuerzo.

La Genética de la Visión

Números 11:17 dice: *"Tomaré del espíritu que está en ti, y pondré en ellos"*. Este versículo refleja un principio fundamental del liderazgo: tus equipos deben tener tu visión, tu genética, tu espíritu. No es suficiente delegar tareas; debes impartir tu ADN a aquellos que lideras. Cuando las personas de tu equipo hablan, piensan y actúan como tú, se convierten en extensiones de tu liderazgo y de tu visión.

En la iglesia, esto significa que los líderes deben formar discípulos que reflejen el corazón de Cristo. En una organización, significa que el equipo debe compartir los valores fundamentales de la empresa y trabajar con la misma ética y pasión que el fundador. Cuando esto ocurre, se logra una cohesión que permite a la organización moverse como un solo cuerpo, ampliando su impacto y alcanzando nuevas alturas.

¿Están Tus Equipos Haciendo Su Trabajo?

Uno de los mayores desafíos para los líderes es activar a sus equipos cuando no están funcionando como deberían. Moisés, al enfrentar la carga de liderar solo, necesitó la intervención divina para compartir su espíritu con otros. Muchos pastores y líderes hoy en día están cansados porque, aunque tienen equipos, no están compartiendo la carga. Esto puede ser porque no se ha compartido la visión adecuadamente o porque los miembros del equipo no están alineados con el propósito.

En el mundo corporativo, un equipo que no está alineado con la visión de la empresa se convierte en un lastre. Los empleados pueden estar ocupados, pero si no están enfocados en la misión, no contribuyen al crecimiento real. Un líder efectivo es aquel que puede identificar estos problemas y revitalizar su equipo, compartiendo nuevamente la visión y alineando a todos hacia el mismo objetivo.

Detente y Reflexiona

La visión expansiva requiere equipos sólidos y alineados. Como Moisés y Jesús, debemos aprender a compartir la carga y a formar equipos que multipliquen nuestra influencia. No se trata solo de hacer más; se trata de alcanzar a más personas con el mensaje, la misión y el propósito que Dios ha puesto en nuestro corazón. Si quieres multiplicarte, forma equipos. Y recuerda: uno suma, muchos multiplican.

10

Invierte en Capacitar a tu Equipo

La visión es el punto de partida para dejar un impacto duradero. Sin embargo, una visión poderosa solo puede realizarse con personas preparadas, alineadas y capacitadas. Si un líder no invierte en la capacitación de su equipo, corre el riesgo de limitar el alcance de su visión. Jesús mismo mostró este principio en su ministerio. En lugar de realizar todas las tareas por sí mismo, pasó tiempo capacitando a sus discípulos, enseñándoles, impartiendo sabiduría y dándoles poder para multiplicar el mensaje del Reino.

En Proverbios 4:7 leemos: *"Sabiduría ante todo; adquiere sabiduría; y sobre todas tus posesiones adquiere inteligencia."* Este versículo nos enseña que el conocimiento y la capacitación son activos fundamentales que debemos buscar y cultivar.

Una visión sin un equipo capacitado es como un barco sin velas: tiene potencial, pero nunca alcanzará su destino. En este capítulo, exploraremos la importancia de invertir en la capacitación de tu gente para asegurar el éxito de tu visión.

Cuadro Global de la Capacitación

Varios estudios e investigaciones han documentado la falta de inversión en la capacitación y desarrollo de líderes, señalando tanto las causas como las consecuencias de esta ausencia. Según el Informe de Gallup titulado *"La Crisis del Compromiso"*, se reporta que el 85% de los empleados a nivel mundial no se sienten comprometidos con su trabajo.

La plataforma profesional LinkedIn presento de reporte titulado *"Workplace Learning Report"* y este revela que aunque el 94% de los empleados afirman que estarían dispuestos a quedarse más tiempo en una empresa que invierte en su desarrollo profesional, muchas empresas todavía no destinan recursos suficientes a la capacitación.

Pero este fenómeno no solo ocurre en las empresas. También está ocurriendo dentro del liderazgo de la iglesia. La falta de capacitación, formación y discipulado en las iglesias ha sido objeto de preocupación para muchos líderes y estudiosos del crecimiento eclesiástico. Varias investigaciones y estudios destacan este problema, mostrando cómo la falta de enfoque en el desarrollo de líderes y la formación continua afecta el crecimiento espiritual y numérico de las congregaciones.

El Barna Group, una de las organizaciones de investigación cristiana más reconocidas, publicó un estudio titulado *"The State of Discipleship"*. Este informe reveló que solo el 20% de los cristianos adultos en EE.UU. se consideran verdaderos discípulos de Cristo, comprometidos con un crecimiento espiritual continuo. El estudio destaca que la falta de programas de discipulado estructurados es una de las razones principales de esta crisis.

Lifeway Research realizó un estudio titulado *"Transformational Discipleship"*, en el que se encuestó a pastores y líderes de iglesias en América del Norte. El informe encontró que el 56% de los líderes de iglesias creen que su congregación carece de un programa sólido de discipulado. Además, el 39% de los pastores admitieron que no están capacitando a futuros líderes de manera efectiva.

Por último, y entre los más destacados, presentamos el estudio de Pew Research Center titulado *"Religious Landscape Study"* muestra que una de las principales razones por las que los jóvenes abandonan la iglesia es la falta de discipulado y conexión significativa con la enseñanza bíblica. En otras palabras, escasea la enseñanza y no representa la realidad de su generación.

Por otro lado, el National Congregations Study (NCS) encontró que solo el 26% de las iglesias en los EE.UU. tienen programas regulares de formación para líderes. Muchas iglesias, especialmente las más pequeñas, carecen de recursos y tiempo para invertir en la capacitación y el desarrollo de sus líderes. Como resultado, estas iglesias dependen de un pequeño grupo de líderes no capacitados, lo que limita su capacidad para crecer y expandirse.

¿Por Qué No Se Invierte en Capacitación?

Algunos líderes no invierten en la capacitación y el desarrollo de su equipo por varias razones, muchas de las cuales pueden estar influenciadas por percepciones equivocadas. Aquí te presento algunas de las razones más comunes:

1. Miedo a Perder el Control

Muchos líderes temen que al capacitar a su equipo, estos puedan volverse más competentes y eventualmente opacarlos o incluso dejarlos fuera. Es una inseguridad que nace del miedo a perder el control. Sin embargo, este temor es contraproducente. Un verdadero líder sabe que su éxito se mide por cuánto puede empoderar a otros para hacer.

2. Inseguridad e Identidad Frágil

La falta de inversión en capacitación a menudo refleja una inseguridad del líder sobre su propia posición. Si el líder tiene una identidad frágil, puede ver a los miembros capacitados de su equipo como una amenaza en lugar de un activo. Proverbios 11:14 nos dice: *"Donde no hay dirección sabia, el pueblo cae; pero en la abundancia de consejeros está la victoria."* La sabiduría bíblica nos enseña que rodearnos de personas competentes fortalece la visión, aumenta su impacto y asegura su crecimiento continuo.

3. Enfoque en Resultados Inmediatos

Muchos líderes se enfocan en el corto plazo, buscando resultados rápidos en lugar de construir una base sólida para el futuro. Invertir en capacitación requiere tiempo y recursos, y a menudo no se ven resultados inmediatos. Sin embargo, esta mentalidad es miope y limita el crecimiento a largo plazo. Empresas como Amazon han demostrado que la inversión en capacitación es clave para la sostenibilidad y el éxito a largo plazo. La empresa ha implementado programas como *"Career Choice"*, que financia hasta 8,400 dólares en cuatro años para que los empleados adquieran nuevas habilidades, ya sea en Amazon o en otros lugares.

4. Desconocimiento de la Importancia del Desarrollo

Algunos líderes simplemente no comprenden la importancia del desarrollo continuo. Creen que la capacitación es un lujo, no una necesidad. Esto puede deberse a una falta de experiencia o de conocimiento sobre el impacto que tiene la capacitación en la productividad y el compromiso del equipo. En 2 Timoteo 2:15, Pablo instruye: *"Procura con diligencia presentarte a Dios aprobado, como obrero que no tiene de qué avergonzarse, que usa bien la palabra de verdad."* La capacitación es parte del llamado a ser diligentes y preparados.

5. Falta de Tiempo y Recursos

Muchos líderes afirman que no tienen tiempo o presupuesto para capacitar a su equipo. Sin embargo, esta es una trampa común. La falta de inversión en capacitación a menudo resulta en problemas mayores, como errores costosos, alta rotación y baja moral. Es como un agricultor que no quiere gastar tiempo en arar su tierra, pero luego se sorprende cuando no tiene cosecha.

Proverbios 24:27 dice: *"Prepara tus labores fuera, y dispónlas en tus campos; después edifica tu casa."* La planificación y la preparación, incluyendo la capacitación, son esenciales para el éxito.

6. Temor a que el Personal Capacitado se Vaya

Una razón frecuente es el miedo a perder a los empleados después de haber invertido en su capacitación. Muchos líderes piensan: *"¿Para qué invertir en alguien que luego puede irse a trabajar para la competencia?"*. Esto refleja una mentalidad de escasez y temor dentro del liderazgo. En lugar de ver la capacitación como una inversión en el crecimiento del equipo y, por ende, de la organización, este tipo de pensamiento muestra un enfoque limitado y defensivo, donde se prioriza la retención del control por encima del desarrollo del talento.

Capacitar es Multiplicar

En Lucas 9:1-2, leemos: *"Habiendo reunido a sus doce discípulos, les dio poder y autoridad sobre todos los demonios, y para sanar enfermedades. Y los envió a predicar el Reino de Dios y a sanar a los enfermos."* Aquí vemos el principio de la capacitación en acción. Jesús no solo compartió su visión, sino que preparó a sus discípulos para cumplirla y así multiplicar su impacto.

En el mundo corporativo, ocurre lo mismo. Empresas como Google y Microsoft invierten millones cada año en capacitar a sus empleados. Saben que, para ser competitivas y relevantes, necesitan equipos preparados para enfrentar los desafíos del mercado. Han entendido que la capacitación no es un gasto, sino una inversión estratégica.

Sin Capacitación, el Estancamiento es Inevitable

Un equipo sin formación adecuada es como un coche de carreras sin combustible; puede verse bien, pero no llegará a ningún lugar. En el libro de Hechos, vemos un ejemplo claro cuando Apolos, un hombre elocuente y poderoso en las Escrituras, necesitó ser capacitado por Priscila y Aquila (Hechos 18:24-26). A pesar de su talento, Apolos no entendía completamente el Evangelio, y su ministerio estaba limitado hasta que recibió una enseñanza más profunda.

En el ámbito empresarial, las empresas que no invierten en su personal enfrentan alta rotación, baja productividad y estancamiento. Muchas startups fracasan no por falta de ideas, sino por la ausencia de equipos capacitados para ejecutarlas. Empresas exitosas como Google, Facebook y FedEx invierten en entrenar a sus empleados, entendiendo que esto es clave para mantener su ventaja competitiva.

Invierte en tu Equipo

Cuando un líder invierte en la capacitación de su equipo, no solo está mejorando las habilidades de cada persona, sino que está fortaleciendo toda la organización. El apóstol Pablo lo entendió bien. En 2 Timoteo 2:2, le dijo a Timoteo: *"Lo que has oído de mí ante muchos testigos, esto encarga a hombres fieles que sean idóneos para enseñar también a otros."* Pablo sabía que para multiplicar el impacto del Evangelio, debía formar a otros que pudieran enseñar y discipular. La capacitación crea un efecto multiplicador que extiende la visión más allá de lo que el líder podría alcanzar por sí mismo.

La Capacitación es un Acto de Fe

Invertir en la capacitación de tu gente es un acto de fe en la visión y en el futuro. Es fácil caer en la tentación de enfocarse solo en los resultados inmediatos, ignorando la importancia de desarrollar a tu equipo. Sin embargo, un verdadero líder sabe que la visión solo se realiza plenamente cuando los demás están preparados para llevarla adelante.

Imaginemos a un agricultor que siembra semillas, pero nunca riega ni cuida sus plantas. ¿Qué resultado puede esperar? De la misma manera, un líder que tiene una visión, pero no capacita a su equipo, está dejando que su visión se marchite antes de florecer. Proverbios 27:17 nos dice: *"El hierro con hierro se afila; y así el hombre afila el rostro de su amigo."* Capacitar a otros es como afilar herramientas para el trabajo. Sin esta preparación, el esfuerzo será mayor y el avance, menor.

Detente y Reflexiona

Invertir en la capacitación de tu equipo no es un gasto; es una inversión en el futuro de tu visión. Jesús, Pablo y Moisés nos muestran que el éxito no viene de hacerlo todo solo, sino de equipar a otros para extender el alcance de la visión.

Como líder, pregúntate: ¿Estoy invirtiendo lo suficiente en mi equipo? ¿Estoy equipando a otros para que puedan multiplicar la visión que Dios me ha dado? Si lo haces, verás cómo tu visión crece y se expande más allá de tus propios límites. Recuerda, capacitar no solo fortalece a tu equipo, sino que impulsa la visión, elevándola y asegurando un impacto duradero.

11

Delegar y Facultar

Un empresario exitoso, famoso por querer hacerlo todo él mismo, recibe un premio por su increíble desempeño en la empresa. En su discurso de agradecimiento, dice: *"Este logro no habría sido posible sin la ayuda de mi increíble equipo"*. La audiencia aplaude emocionada, y él continúa diciendo: *"Mi equipo favorito: yo mismo, yo mismo, y yo mismo otra vez"*.

En la vida y el liderazgo, muchos de nosotros hemos caído en la trampa de ser el *"hombre orquesta"*: ese líder que siente que debe hacer todo por sí mismo, creyendo que nada funcionará correctamente si él no está presente. Es una sensación tentadora pensar que, si no supervisamos cada detalle, todo se desmoronará. Sin embargo, esta mentalidad refleja una visión limitada y, a menudo, una falta de confianza en el equipo y en su capacidad para crecer, innovar y contribuir significativamente al propósito común.

El verdadero poder de la visión se revela cuando el líder aprende a facultar a otros, delegando autoridad y permitiendo que la visión sea ejecutada por equipos alineados y comprometidos.

En Lucas 10:19, Jesús dijo a sus discípulos: *"He aquí os doy potestad de hollar serpientes y escorpiones, y sobre toda fuerza del enemigo, y nada os dañará."* Jesús facultó a sus seguidores con autoridad y confianza, liberándolos para que llevaran adelante su misión sin su supervisión directa. Este acto de facultar no solo multiplicó su ministerio, sino que permitió que su mensaje llegara a lugares que Él mismo no habría podido alcanzar físicamente.

La Trampa del "Hombre Orquesta"

Imagina una orquesta dirigida por un solo hombre. Toca el violín, sopla la trompeta, golpea el tambor y, al mismo tiempo, intenta dirigir a los demás músicos. ¿Suena eficiente? Por supuesto que no. Esta escena, aunque cómica, refleja la realidad de muchos líderes hoy en día. Se desgastan, se cansan, y eventualmente queman su energía porque creen que todo depende de ellos.

En mi propia experiencia, decidí delegar completamente la organización de un congreso a mi equipo. Fue un momento de prueba, pues siempre había estado involucrado en cada detalle de eventos anteriores. Me encontré con un dilema: ¿Podría confiar en ellos lo suficiente como para soltar las riendas? Lo hice, y el congreso fue un éxito rotundo. Claro, hubo errores, pero me di cuenta de algo importante: los errores ocurren incluso cuando soy yo quien lo supervisa todo. El resultado fue liberador, no solo para mí, sino para todo el equipo que ganó confianza y experiencia.

Facultar a Otros

Jesús es el ejemplo máximo de un líder que sabía cómo facultar a otros. No solo enseñó a sus discípulos, sino que les dio autoridad completa para actuar en su nombre. Les dijo: *"Yo me voy, pero ustedes ya saben cómo hacerlo."* Este acto de facultar cambió la historia. Los discípulos no eran simples seguidores, sino líderes equipados para llevar adelante la visión de Jesús y multiplicarla. Ellos no solo continuaron con su mensaje, sino que lo expandieron, llegando a lugares que Jesús nunca visitó físicamente.

En Lucas 10:19, Jesús entrega poder a sus discípulos: les da autoridad sobre serpientes y escorpiones, símbolos de obstáculos y enemigos. Aquí vemos un principio crucial: facultar no es simplemente delegar tareas; es impartir autoridad. Es darle a alguien el poder para actuar como tú lo harías. En el contexto del liderazgo, esto significa confiar plenamente en que tu equipo puede tomar decisiones importantes y resolver problemas sin que tú intervengas en cada momento.

La Inseguridad del Líder que No Faculta

¿Por qué muchos líderes no facultan a sus equipos? La respuesta más común es la inseguridad. Existe el temor de perder el control, de que algo salga mal, o incluso de que alguien más reciba el crédito por el éxito. Sin embargo, este miedo es costoso. Un líder que no aprende a facultar termina siendo un cuello de botella para el crecimiento de la organización. El cansancio extremo y el agotamiento del líder son síntomas de una visión que no ha sido compartida completamente con el equipo.

En el Antiguo Testamento, vemos una lección de aprender a facultar en la vida de Moisés, cuando intentaba resolver todos los problemas del pueblo de Israel por sí mismo. Su suegro, Jetro, le dio un consejo sabio: *"No está bien lo que haces... escoge hombres competentes y delega responsabilidades"* (Éxodo 18:17-21).

Otro buen ejemplo bíblico es el rey Saúl y su inseguridad para facultar a David. Aun cuando comenzó su reinado con humildad y favor divino, pronto su liderazgo se vio afectado por la inseguridad. Uno de los momentos más evidentes de esta inseguridad fue su relación con David, quien había demostrado valentía y éxito en la batalla contra Goliat y había ganado la admiración del pueblo. (1 Samuel 18:6-9) Su inseguridad y celos fueron tan serias que David pasó de un aliado a un enemigo, al punto que deseaba matarlo. En lugar de fortalecer su reino al facultar a un líder talentoso como David, Saúl sembró desconfianza y división.

El Costo de No Facultar

En Sudamérica, Falabella y Ripley, dos grandes cadenas de ventas chilenas, enfrentaron desafíos similares con la transformación digital. Falabella empoderó a sus equipos e impulsó la innovación, adaptándose rápidamente al comercio digital. En cambio, Ripley centralizó sus decisiones y retrasó la implementación de los cambios, lo cual limitó grandemente sus ventas en medio de la pandemia. Como resultado, Falabella aumentó sus ventas online, mientras Ripley perdió presencia en el mercado.

En el relato del milagro de los cinco panes y dos peces, Jesús muestra un ejemplo poderoso de delegación al involucrar a sus discípulos en el proceso de alimentar a una gran multitud.

Aunque Jesús podría haber distribuido el alimento por sí mismo, eligió delegar esta tarea a sus discípulos, demostrando confianza en ellos y enseñándoles a ser parte activa del milagro. Jesús fue un líder totalmente seguro y no veía a sus discípulos y seguidores como amenazas.

En Mateo 14:19, dice: *"Y tomando los cinco panes y los dos peces, levantó los ojos al cielo, los bendijo, y partió los panes, y dio a los discípulos, y los discípulos a la multitud"*. Jesús distribuyó el pan a sus discípulos para que ellos lo entregaran al pueblo. Este acto no solo agilizó el proceso, sino que también les dio la oportunidad de experimentar el poder de Dios trabajando a través de ellos.

Los Beneficios de Facultar a tu Equipo

Cuando facultas a tu equipo, suceden varias cosas maravillosas:

• **Liberas tu Tiempo para la Visión:** Al facultar a otros, puedes enfocarte en lo que realmente importa: la estrategia, la visión a largo plazo y la innovación. No estás atrapado en las tareas diarias, sino que puedes ver el panorama general.

• **Multiplicas tu Impacto:** Facultar a otros es como sembrar una semilla que da fruto abundante. Cuando compartes tu autoridad, permites que la visión se multiplique más allá de lo que podrías lograr solo.

• **Desarrollas a tu Equipo:** Facultar a otros es la mejor manera de desarrollar líderes. Cuando das autoridad, creas oportunidades para el crecimiento y la madurez. Tu equipo aprende a tomar decisiones, a manejar desafíos y a liderar con confianza.

- **Construyes un Legado Duradero:** Jesús facultó a sus discípulos y, al hacerlo, construyó un legado que perduró mucho después de su ascensión. Los discípulos tomaron el mensaje y lo llevaron a todas partes del mundo. Facultar no solo asegura el éxito a corto plazo, sino que crea una base sólida para un impacto duradero.

- **Reduces el Cansancio y el Agotamiento:** El agotamiento de muchos líderes se debe a la falta de delegación y a la incapacidad de facultar a otros. Cuando aprendes a compartir la carga, encuentras alivio y renuevas tus fuerzas para liderar con claridad.

Facultar es la Clave

Jesús nos enseñó el poder de facultar a otros cuando dijo: *"Como el Padre me envió a mí, así yo los envío a ustedes"* (Juan 20:21). La verdadera medida del éxito de un líder no es cuánto puede hacer por sí mismo, sino que cuántos puede facultar para llevar adelante la visión. Si quieres ver tu ministerio o tu empresa crecer, necesitas aprender a delegar autoridad y confiar en tu equipo.

Detente y Reflexiona

Los errores ocurrirán, pero eso es parte del proceso de crecimiento. Recuerda, incluso cuando tú lo haces todo personalmente, los errores pueden ocurrir. La diferencia es que, cuando facultas a otros, estás creando un entorno donde tu visión puede multiplicarse y tu legado puede perdurar. La lección es clara: facultar no es una opción; es una necesidad para cualquier líder que quiera ver su visión realizada y multiplicada más allá de sus propias capacidades.

12

Financiando la Visión

Me llama la atención cómo Jesús, usando un solo verso, explica este principio tan importante para el cumplimiento de cualquier visión extraordinaria. Volvamos por un momento a lo que dijo el Maestro: *"¿Quién de vosotros, queriendo edificar una torre, no se sienta primero y calcula los gastos, a ver si tiene lo que necesita para acabarla?"* (Lucas 14:28).

En el contexto de liderazgo, ministerio y emprendimiento, hablar de finanzas y recursos a menudo se percibe como un tema incómodo o delicado. Sin embargo, la realidad es que sin una gestión adecuada de los recursos, incluso la visión más poderosa corre el riesgo de quedarse solo en un sueño. Jesús mismo nos enseñó la importancia de planificar y contar el costo antes de iniciar un proyecto. Tener una visión clara es fundamental, pero igual de crucial es entender que la visión necesita provisión.

El Temor a Hablar de Finanzas

¿Por qué tantas personas, especialmente en el ámbito del liderazgo y el ministerio, le temen a las conversaciones sobre dinero? El problema radica en que hablar de dinero puede parecer contrario a la espiritualidad, como si la necesidad de recursos fuera incompatible con la fe. Algunos líderes sienten que pedir dinero o recursos puede ser malinterpretado como una falta de confianza en Dios. Sin embargo, la Biblia es clara al mostrar que Dios no solo da la visión, sino que también provee los recursos necesarios para cumplirla.

Basado en mi experiencia como pastor, líder y empresario, puedo decir que hay 5 razones principales de porque algunos pastores y líderes evitan hablar sobre finanzas y dinero.

1. Miedo a Ser Malinterpretados: Muchos líderes temen que al hablar de dinero sean vistos como personas codiciosas o que están más interesadas en obtener ganancias financieras que en el bienestar de las personas de su iglesia o empresa. Esto puede ser especialmente difícil en una cultura donde existen estereotipos negativos sobre iglesias que piden donaciones constantemente. Por ejemplo, el famoso falso dicho de que *"los pastores solo quieren nuestro dinero"* en lugar de entender que las donaciones son necesarias para sostener la visión del ministerio.

2. Incomodidad Personal con el Tema: Algunos pastores y líderes no se sienten cómodos hablando de dinero porque ellos mismos pueden tener problemas o inseguridades en el manejo financiero. Muchos líderes piensan que *"no son merecedores de finanzas"* o que *"la verdadera espiritualidad está en la pobreza"*.

Si un líder no tiene una estabilidad emocional, tiene creencias limitantes, carece de una base sólida de educación financiera o siente que su vida financiera no es un buen ejemplo, puede evitar el tema para no exponerse.

3. Temor a Ofender a las Personas: El dinero es un tema sensible para muchas personas, y los líderes pueden temer que al hablar de finanzas se ofendan a los miembros de la iglesia, especialmente aquellos que ya tienen reservas sobre dar diezmos u ofrendas. Algunos líderes prefieren evitar este tema para no incomodar a la congregación o provocar la pérdida de miembros.

También un líder puede temer que los nuevos miembros, que quizás no están familiarizados con la enseñanza bíblica sobre el diezmo, se sientan presionados y decidan no volver a la iglesia. Cuando se enseña correctamente los principios, hay testimonios reales y siempre se exhorta a que sea una decisión basada en su convicción, esto no debe ser un problema. Es algo que se les tiene que revelar.

4. Falta de Educación Financiera Bíblica: No todos los pastores y líderes tienen una enseñanza clara y bíblica sobre finanzas. Algunos pueden no estar seguros de cómo presentar el tema de manera equilibrada y bíblica, sin caer en extremos como el *"super evangelio de la prosperidad"* o la visión ascética de evitar el dinero por completo. Precisamente, es por la falta de conocimiento bíblico y responsable que hace años decidimos comenzar a enseñar a través de nuestra academia de educación financiera sobre finanzas, mayordomía y libertad.

5. Percepción General de Desconfianza: En muchas comunidades de fe, empresas y organizaciones sin fin lucrativo, ha habido casos de mal manejo o incluso fraude financiero, lo que ha creado una atmósfera de desconfianza. Los pastores y líderes pueden evitar hablar de dinero porque saben que el tema es delicado y temen que sus intenciones sean cuestionadas, incluso si están actuando con integridad.

Para contrarrestar la desconfianza financiera, los líderes deben priorizar la transparencia y la rendición de cuentas. Implementar auditorías externas, presentar informes claros y realizar reuniones abiertas sobre el uso de fondos, ayuda a construir confianza.

La Mente Administrativa: ¿Qué es y Cómo Funciona?

Una mente administrativa es aquella que tiene la capacidad de planificar, organizar y gestionar recursos de manera eficiente. Esta mentalidad no solo se enfoca en cómo obtener recursos, sino también en cómo usarlos sabiamente para maximizar el impacto. Jesús, al hablar de un administrador fiel, dijo: *"El que es fiel en lo muy poco, también en lo más es fiel"* (Lucas 16:10). Una mente administrativa reconoce que cada recurso es un regalo y una responsabilidad que debe ser manejada con diligencia.

Características de una Mente Administrativa

• **Visión a Largo Plazo:** La planificación financiera implica proyectar a largo plazo y prepararse para cubrir necesidades futuras. Involucra analizar riesgos, establecer objetivos claros y ajustar estrategias para maximizar recursos disponibles.

- **Enfoque en Detalles:** Los buenos administradores prestan atención a los detalles, revisan los presupuestos y monitorean cada gasto.

- **Capacidad de Delegar:** Saben cuándo es necesario involucrar a otros expertos para manejar aspectos específicos, como contabilidad o inversiones.

- **Integridad y Transparencia:** Actúan con ética e integridad, conscientes de que la confianza es fundamental para gestionar los recursos de otros de manera responsable y transparente.

7 Buenas Prácticas Administrativas

1. Establece un Presupuesto Claro: El presupuesto es una herramienta esencial que muestra cómo se usarán los recursos para cumplir con la visión. Planifica cuidadosamente los ingresos y los gastos, y mantente dentro de lo planificado. Revisa el presupuesto regularmente para ajustar según las necesidades cambiantes del proyecto. El consejo bíblico es: *"Los pensamientos del diligente tienden a la abundancia"* (Proverbios 21:5).

2. Practica la Transparencia Financiera: Comparte informes financieros con tu equipo y los que apoyan tu visión. La transparencia genera confianza y fomenta la colaboración. Presenta informes trimestrales y permite auditorías externas para demostrar responsabilidad. El consejo bíblico es: *"Porque proveemos lo honesto, no solo delante del Señor, sino también delante de los hombres"* (2 Corintios 8:21).

3. Separa los Fondos Personales y Organizacionales: Nunca mezcles los fondos personales con los de la organización. Esto evita malentendidos y protege la integridad financiera. Mantén cuentas bancarias separadas y documenta todos los gastos adecuadamente. El consejo bíblico es: *"Dad a César lo que es de César, y a Dios lo que es de Dios".* (Mateo 22:21).

4. Construye un Fondo de Emergencia: Ahorrar para tiempos difíciles es una práctica sabia que permite enfrentar crisis inesperadas sin comprometer la visión. Destina al menos un 10% de los ingresos al fondo de emergencia hasta alcanzar seis meses de gastos operativos. El consejo bíblico es: *"Ve a la hormiga, oh perezoso, mira sus caminos, y sé sabio; la cual, no teniendo capitán, ni gobernador, ni señor, prepara en el verano su comida, y recoge en el tiempo de la siega su sustento".* (Proverbios 6:6-8)

5. Invierte en Capacitación Financiera: Dedica tiempo y recursos para aprender sobre finanzas y contabilidad, o contrata a expertos que puedan ayudar. Asiste a seminarios de finanzas y mantén a tu equipo capacitado en buenas prácticas contables. El consejo bíblico es: *"Los sabios atesoran conocimiento"* (Proverbios 10:14).

6. Delegar con Sabiduría: No trates de manejar todo tú solo. Identifica personas de confianza que puedan ayudarte en la gestión financiera. Forma un comité financiero o contrata a un contable de confianza para asegurar la buena gestión. El consejo bíblico es: *"Donde no hay dirección sabia, caerá el pueblo; más en la multitud de consejeros hay seguridad"* (Proverbios 11:14).

7. Ora y Busca la Dirección Divina en Tus Finanzas: Involucra a Dios en todas tus decisiones financieras. La oración y la sabiduría de la Palabra te guiarán para tomar decisiones acertadas. Antes de hacer una gran inversión o gasto, ora y busca consejo espiritual. El consejo bíblico es: *"Si alguno de vosotros tiene falta de sabiduría, pídala a Dios"* (Santiago 1:5).

Detente y Reflexiona

Las finanzas y los recursos son la provisión que Dios nos da para materializar la visión. No debemos temer hablar de dinero ni verlo como algo incompatible con nuestra fe. En cambio, al manejar sabiamente los recursos, estamos honrando a Dios y mostrando nuestra responsabilidad como administradores de lo que Él ha puesto en nuestras manos.

Dios no solo da la visión, sino que también provee los medios para llevarla a cabo. Cuando confiamos en Su provisión y manejamos los recursos con integridad, podemos estar seguros de que la visión se cumplirá en Su tiempo perfecto. Que este capítulo te inspire a ser un líder que no solo sueña con la visión, sino que también sabe cómo gestionarla con sabiduría y fe.

13

Disciplina y Excelencia

La visión es la fuerza impulsora detrás de nuestros sueños y proyectos, ya sea en el ámbito ministerial o empresarial. Sin embargo, tener una visión poderosa no es suficiente. Para convertir una idea en una realidad duradera, se necesita un ingrediente fundamental: disciplina. En Proverbios 21:5 leemos: *"Los planes del diligente ciertamente son para ventaja, pero todo el que se apresura, ciertamente va a la pobreza"*. La disciplina y la diligencia son las herramientas que hacen que la visión pase de ser un sueño a convertirse en éxito.

El problema para muchos no es la falta de talento o de ideas, sino la falta de disciplina. Hay personas con dones extraordinarios y carisma, pero sin la consistencia necesaria, sus habilidades nunca alcanzan su máximo potencial. La disciplina siempre vence al talento. Es la clave tanto para el éxito empresarial como para el ministerial.

En 1 Corintios 14:40, el apóstol Pablo nos recuerda: *"Hágase todo decentemente y con orden"*. El orden y la disciplina son principios divinos que respaldan la visión y la convierten en realidad.

Excelencia, Orden y Disciplina

Si tienes una visión clara para tu ministerio, empresa o proyecto, debes saber *"vender"* bien tu producto, y esto implica excelencia, puntualidad, orden y profesionalismo. Un buen ejemplo de esto son las empresas alemanas, reconocidas mundialmente por su enfoque en la disciplina y la excelencia. Alemania, un país que sufrió devastadoras consecuencias en las dos guerras mundiales, se levantó de las cenizas para convertirse en una de las economías más fuertes del mundo. ¿Cómo lo lograron? La respuesta radica en su cultura de disciplina y atención al detalle.

Empresas como Siemens, BMW y Bosch no alcanzaron su éxito global únicamente por tener productos innovadores, sino por su compromiso con la calidad y la mejora continua. Los alemanes han perfeccionado el concepto de *"Ordnung"*, que significa orden, estructura y disciplina. Esta cultura es lo que ha permitido a Alemania prosperar y liderar en sectores industriales, automotrices y tecnológicos.

En lugar de los ejemplos tradicionales como Daniel o José, podemos usar la historia de Lidia de Tiatira, una mujer de negocios del Nuevo Testamento que muestra cómo la disciplina y la excelencia pueden llevar al cumplimiento de una visión y propósito más amplio.

En Hechos 16:14-15, se describe que Lidia era una comerciante de púrpura, un tinte valioso y costoso, lo que indica que era una mujer exitosa y respetada en el mundo de los negocios. Aunque no se menciona de manera extensa, la historia de Lidia ofrece un poderoso ejemplo de cómo la disciplina en su trabajo y vida espiritual la llevó a convertirse en una de las primeras convertidas al cristianismo en Europa y en una líder clave de la iglesia primitiva.

Lidia se muestra como una mujer de fe. Cuando Pablo llegó a Filipos, Lidia asistió a una reunión de oración junto al río. Al escuchar el mensaje de Pablo, Lidia inmediatamente respondió con fe y fue bautizada junto con su familia. Su disciplina espiritual la llevó a abrir su corazón y su hogar al evangelio, facilitando el crecimiento de la iglesia en Filipos.

La Disciplina Supera al Talento

Hay un dicho popular que dice: *"La disciplina siempre vence al talento"*. Esto se puede ver claramente en el mundo deportivo. Pensemos en el ciclista británico Chris Froome, quien ganó múltiples veces el Tour de Francia. Froome tenía talento, pero su éxito se debió a su ética de trabajo rigurosa y su disciplina en los entrenamientos. Mientras otros ciclistas confiaban solo en sus habilidades naturales, Froome se enfocó en una preparación meticulosa, estricta y mejorando constantemente su rendimiento.

En el ámbito ministerial, vemos el mismo problema. Hay predicadores con gran unción y carisma, pero sin disciplina, no logran alcanzar el crecimiento deseado. Llegan tarde a los compromisos, improvisan sus mensajes y no planifican con anticipación. Como resultado, sus ministerios se estancan.

La unción y los dones no piensan por ti, no planifican por ti y no administran por ti. La disciplina es lo que permite que esos dones sean usados de manera consistente y eficaz. Como dice Proverbios 12:1: *"El que ama la instrucción ama el conocimiento, pero el que aborrece la reprensión es ignorante"*. La instrucción y la disciplina son necesarias para el crecimiento personal y ministerial.

Un ejemplo destacado de una empresa en Latinoamérica que enfatiza una cultura de disciplina, orden, estructura y precisión es Embraer, la empresa aeroespacial brasileña. Fundada en 1969, Embraer se ha consolidado como uno de los principales fabricantes de aviones comerciales, ejecutivos y militares a nivel mundial. La industria aeroespacial exige alta calidad y seguridad, lo que requiere disciplina y precisión. Embraer aplica gestión rigurosa y procesos estructurados para asegurar excelencia, cumpliendo estrictas normas internacionales y enfocándose en mejora continua.

Además, Embraer ha adoptado metodologías como Lean Manufacturing y Six Sigma, que promueven la eficiencia operativa y la reducción de errores, reforzando así su cultura de precisión y disciplina. Estas prácticas han mantenido a la empresa competitiva en el mercado global, cumpliendo con las expectativas de calidad y confiabilidad de sus clientes.

En Lucas 16:10, Jesús enseña un principio clave de disciplina y consistencia: *"El que es fiel en lo muy poco, también en lo más es fiel; y el que en lo muy poco es injusto, también en lo más es injusto"*. La fidelidad en las pequeñas cosas es lo que construye grandes logros a largo plazo. La disciplina diaria es lo que permite ver el fruto de la visión.

Disciplina y Consistencia en el Liderazgo

En el liderazgo, tanto en el ministerio como en el mundo corporativo, la consistencia es crucial. Un líder disciplinado inspira confianza y respeto, estableciendo un entorno de orden y estabilidad. La disciplina genera una estructura predecible en la que los equipos saben qué esperar y cómo actuar.

Consideremos el ejemplo del empresario sueco Ingvar Kamprad, fundador de IKEA. Kamprad no solo era un hombre con visión; fue un líder disciplinado que mantuvo una fuerte ética de trabajo. Aunque IKEA destaca por sus muebles asequibles y funcionales, su éxito real proviene de su enfoque en la eficiencia y en brindar el mejor valor al cliente. Kamprad, conocido por su humildad, viajaba en clase económica y vivía austeramente, reflejando los valores de la empresa que fundó.

Un líder que muestra disciplina establece un estándar para todo el equipo. Un ejemplo bíblico de esto es el apóstol Pablo. En 1 Corintios 9:27, Pablo dice: *"Sino que golpeo mi cuerpo y lo pongo en servidumbre, no sea que habiendo predicado a otros, yo mismo venga a ser descalificado."* Pablo entendía que, sin disciplina, incluso los dones más grandes podrían perderse.

La Cultura de la "Casa"

Cada organización y cada ministerio tiene un ADN que define quiénes son y qué representan. Este ADN debe incluir principios fundamentales como excelencia, orden y disciplina. Cuando una empresa u organización opera bajo estos principios, crea una cultura de éxito y consistencia.

En el mundo corporativo, las empresas europeas son reconocidas por su atención al detalle y su búsqueda de la excelencia. Siemens, por ejemplo, es conocida no solo por sus productos, sino por su enfoque en la calidad y la precisión. De la misma manera, los líderes deben definir cuál es el ADN de su casa. ¿Es la excelencia? ¿La puntualidad? ¿El servicio? En Colosenses 3:23, Pablo nos instruye: *"Y todo lo que hagáis, hacedlo de corazón, como para el Señor y no para los hombres."* Esto nos recuerda que la excelencia y el orden son reflejos de nuestro compromiso con Dios.

Detente y Reflexiona

La disciplina es el ingrediente esencial que transforma una visión en una realidad concreta. Puedes tener una visión poderosa y grandes ideas, pero si no desarrollas la disciplina necesaria, nunca verás su cumplimiento. La disciplina vence al talento porque es constante, perseverante y confiable. Es como la gota de agua que, día tras día, cambia el curso de la roca y transforma el futuro.

Si deseas ver tu visión realizada, necesitas vender bien tu producto, y eso implica ser disciplinado, consistente y operar bajo principios de excelencia. Recuerda, la unción y los dones no piensan por ti, no planifican por ti y no administran por ti. Esa es tu responsabilidad. Pero si eres disciplinado, verás cómo tu visión se multiplica, supera obstáculos y se convierte en una realidad duradera.

El éxito de las empresas europeas, como Siemens, y de líderes disciplinados como Ingvar Kamprad, nos enseña que la disciplina es el camino hacia la excelencia. Si adoptas este principio, serás como la gota de agua que, día tras día, cambia el curso de la roca y transforma el futuro.

14

Evitando las Distracciones

En el liderazgo y la vida personal, la visión es la brújula que nos guía hacia nuestro destino. Sin una visión clara, corremos el riesgo de perdernos en medio de tareas, actividades y oportunidades que pueden parecer buenas, pero que en realidad son distracciones. Jesús mismo modeló una vida enfocada y sin distracciones.

En Lucas 10:1-4, Jesús envía a 70 discípulos de dos en dos y les dice claramente: *"No llevéis bolsa, ni alforja, ni calzado; y a nadie saludéis por el camino."* Jesús sabía que una misión enfocada requiere evitar distracciones, por más pequeñas que parezcan. En este capítulo, exploraremos la importancia del enfoque en la visión y cómo evitar las distracciones que amenazan con desviarnos del propósito.

Enfócate en lo Esencial

Las distracciones son el enemigo silencioso de una visión clara. Imagina a un conductor que intenta manejar y enviar mensajes de texto al mismo tiempo. En muchas ciudades y países, esto está prohibido porque es peligroso; la mente no puede enfocarse en dos tareas a la vez sin comprometer la seguridad. De la misma manera, cuando intentamos abarcar múltiples proyectos y actividades que no están alineadas con nuestra visión principal, terminamos agotados y perdiendo dirección.

Jesús entendió este principio mejor que nadie. A lo largo de su ministerio, mantuvo un enfoque firme en su misión de hacer discípulos y expandir el Reino de Dios. Cuando se le acercaron para que interviniera en una disputa de herencia (Lucas 12:13-14), Jesús se negó a involucrarse, no porque no fuera un problema importante, sino porque no estaba alineado con su visión. Cada vez que Jesús dijo *"no"* a algo, fue porque lo consideró una distracción que podría desviarlo de su propósito.

No Confundas Actividades con Visión

En el mundo corporativo y en el ministerio, es fácil caer en la trampa de llenar nuestras agendas con actividades y eventos que parecen productivos, pero que en realidad nos distraen de la visión central. Conciertos, rifas, actividades sociales y reuniones constantes pueden ser buenos para la comunidad, pero no son la visión en sí. La visión de Jesús era clara y enfocada: hacer discípulos, transformar vidas y expandir el Reino. Todo lo demás era secundario y debía alinearse con ese propósito principal.

Pablo nos enseña este mismo principio en Filipenses 3:13-14: *"Una cosa hago: olvidando ciertamente lo que queda atrás, y extendiéndome a lo que está delante, prosigo a la meta, al premio del supremo llamamiento de Dios en Cristo Jesús."* Pablo sabía que no podía permitirse el lujo de desenfocarse. El éxito en su ministerio no vino por hacer muchas cosas a la vez, sino por mantenerse enfocado en una sola cosa: cumplir el propósito de Dios.

Productividad Real = Enfoque

Hacer muchas cosas a la vez no necesariamente nos hace más productivos. En Juan 15:4-5, Jesús nos dice: *"Permaneced en mí, y yo en vosotros. Como el pámpano no puede llevar fruto por sí mismo, si no permanece en la vid, así tampoco vosotros, si no permanecéis en mí."* El verdadero fruto viene de estar conectados con la visión de Dios, no de dispersarnos en múltiples actividades que no están alineadas con nuestro propósito.

Por ejemplo, la empresa francesa BIC, se ha especializado en el diseño y producción de bolígrafos desechables desde 1950. Es el bolígrafo más vendido en el mundo, conocido por su diseño simple, eficacia y bajo costo. Su promedio de ventas anuales es de 2.5 billones de dólares.

Un Hombre llamado Eliseo

En 2 Reyes 2, vemos el ejemplo de Eliseo, quien se mantuvo enfocado en su visión a pesar de las distracciones. Cuando Elías le dijo que se quedara en Gilgal, Betel y Jericó, Eliseo respondió: *"Vive Jehová, y vive tu alma, que no te dejaré."* Su visión era clara: llegar al Jordán, el lugar donde los cielos se abren y las bendiciones de Dios se manifiestan. Si Eliseo hubiera cedido a la comodidad de quedarse en una de estas ciudades, habría perdido la oportunidad de recibir una doble porción del espíritu de Elías.

Eliseo entendió que la visión siempre implica avanzar hacia el lugar donde Dios quiere llevarnos, sin detenernos en los lugares cómodos o familiares. Así como Eliseo se enfocó en llegar al Jordán, debemos preguntarnos: ¿cuál es nuestro Jordán? ¿Estamos dispuestos a dejar de lado las distracciones y avanzar hacia el lugar donde los cielos se abrirán para nosotros?

Pablo y la Dirección del Espíritu Santo

El apóstol Pablo también enfrentó distracciones que podrían haberlo desenfocado de su visión. En Hechos 16:6-10, Pablo quería ir a Asia, pero el Espíritu Santo le impidió hacerlo. En lugar de insistir en sus propios planes, Pablo obedeció la dirección del Espíritu y fue a Macedonia, donde encontró a Lidia y donde comenzó una iglesia influyente. Pablo entendió que no se trata de lo que queremos hacer, sino de lo que debemos hacer. La visión verdadera no se guía por deseos personales, sino por la dirección divina.

Mantén tus Ojos en la Meta

En Lucas 10:1-4, cuando Jesús envía a los 70 discípulos, les instruye a no llevar bolsa, ni alforja, ni saludar a nadie en el camino. ¿Por qué esta instrucción tan específica? Jesús sabía que incluso las pequeñas distracciones pueden desviar a un discípulo de su misión. Al igual que un atleta que corre hacia la meta sin mirar a los lados, los discípulos debían mantener sus ojos fijos en el objetivo.

Imagina a un corredor de maratón que decide detenerse a saludar a todos los espectadores en el camino. ¿Qué pasaría? Perdería tiempo, energía y probablemente nunca llegaría a la meta. De la misma manera, como líderes, debemos ser conscientes de las distracciones que pueden parecer inofensivas, pero que en realidad nos desvían de nuestro propósito.

Detente y Reflexiona

El éxito en el liderazgo y en el cumplimiento de la visión no depende de cuántas cosas hacemos, sino de cuán enfocados estamos en lo que realmente importa. Jesús nos mostró el camino: dijo *"no"* a todo lo que lo distrajera de su misión central.

Pablo hizo lo mismo, siguiendo la dirección del Espíritu Santo y rechazando oportunidades que parecían buenas, pero que no estaban alineadas con su propósito. Eliseo nos enseñó a avanzar más allá de los lugares cómodos hasta llegar al Jordán, donde los cielos se abren.

La clave del éxito no es la actividad frenética, sino el enfoque intencional. Si mantienes tus ojos en la meta y evitas las distracciones, verás cómo la visión se convierte en realidad, cómo el fruto de tu esfuerzo se multiplica y cómo llegas al lugar donde los cielos se abren y las bendiciones fluyen abundantemente.

15

Consistencia, Coherencia y Estabilidad

En el viaje de implantar una visión, la consistencia del líder es uno de los pilares fundamentales que determina el éxito o el fracaso del proyecto. Un líder puede ser talentoso, tener una visión clara y contar con un equipo fuerte, pero si no muestra consistencia en sus acciones y decisiones, su liderazgo pierde credibilidad y fuerza. Precisamente, nos dice Santiago 1:8, que *"el hombre de doble ánimo es inconstante en todos sus caminos"*

La consistencia, definida por la capacidad de mantener coherencia y estabilidad en el tiempo, es lo que transforma a un líder en una figura digna de confianza y respeto. Veamos lo que significa ser un líder consistente, la importancia de alinear nuestras palabras con nuestras acciones, y cómo esto contribuye a materializar la visión.

¿Qué Significa Ser un Líder Consistente?

Ser un líder consistente implica actuar de manera predecible y confiable, basando las decisiones en principios y valores sólidos, sin importar las circunstancias. La consistencia no significa ser rígido o inflexible, sino mantenerse fiel a los valores fundamentales, aun en medio de los desafíos. Como Jesús enseñó, *"Sea vuestro 'sí', sí; y vuestro 'no', no"* (Mateo 5:37), subrayando la importancia de ser firmes en lo que decimos y hacemos.

El Poder de Modelar por Ejemplo

Un excelente ejemplo de consistencia basada en principios en el mundo corporativo es Chick-fil-A, la cadena de restaurantes de comida rápida conocida por su política de cerrar todos los domingos. Desde sus inicios, el fundador, Truett Cathy, estableció que la empresa no abriría los domingos para permitir que sus empleados tuvieran un día de descanso y pudieran asistir a actividades religiosas o pasar tiempo con sus familias.

Esta decisión se fundamenta en valores cristianos y en la creencia de que el descanso es esencial para el bienestar personal y el éxito a largo plazo, como también hablamos aquí en este libro en el capítulo de *"Evitando el Agotamiento"*.

La política de no abrir los domingos es una decisión que, desde un punto de vista financiero, ha sido cuestionada por muchos. En la industria de comida rápida, el domingo es uno de los días más lucrativos de la semana. Sin embargo, la empresa se ha mantenido firme en su compromiso, demostrando una consistencia basada en valores que va más allá de las ganancias a corto plazo.

En lugar de perjudicar a la empresa, esta decisión ha fortalecido la marca. Los clientes respetan y valoran la postura firme de Chick-fil-A, reconociendo que sus decisiones están alineadas con sus principios fundamentales. La política de cerrar los domingos ha creado una identidad distintiva y ha contribuido a una lealtad del cliente inusualmente alta en el sector de comida rápida. Chick-fil-A es ahora una de las cadenas más exitosas y rentables en Estados Unidos, a pesar de operar un día menos cada semana.

La Coherencia entre Palabras y Acciones

Un líder consistente es aquel que cumple lo que promete. Este tipo de líder no dice una cosa y hace otra, sino que sus acciones están alineadas con sus palabras. La incoherencia, por otro lado, destruye la confianza y socava la credibilidad del líder. Como dice Proverbios 25:14: *"Como nubes y viento sin lluvia es el hombre que se jacta de dádivas que no dio"*. Un líder que promete, pero no cumple, es como una nube que no trae lluvia; genera expectativas, pero no produce resultados.

Mantente Enfocado

La consistencia en el liderazgo está estrechamente ligada al enfoque. Un líder que cambia de dirección constantemente, movido por las circunstancias o la presión externa, pierde la confianza de su equipo. Por el contrario, cuando un líder mantiene una dirección clara, incluso cuando enfrenta desafíos, demuestra fuerza y convicción. La estabilidad que aporta un líder consistente crea un ambiente de seguridad, donde el equipo sabe qué esperar y cómo actuar.

Daniel es un ejemplo sobresaliente de enfoque y consistencia en medio de circunstancias adversas. Desde joven, fue llevado cautivo a Babilonia junto con otros israelitas. A pesar de encontrarse en una cultura extranjera que adoraba a dioses paganos y enfrentando la presión de conformarse a las costumbres babilónicas, Daniel se mantuvo firme en su fe y en sus principios. Su enfoque en honrar a Dios, independientemente de la situación, lo distinguió como un líder consistente.

En el primer capítulo del libro de Daniel, vemos un ejemplo claro de su enfoque y consistencia. El rey Nabucodonosor ofreció a Daniel y a sus compañeros la comida y el vino del palacio, que no estaban permitidos por las leyes dietéticas de los israelitas. En lugar de ceder a la tentación de disfrutar de los lujos de Babilonia, Daniel *"propuso en su corazón no contaminarse"* (Daniel 1:8). Mantuvo su decisión con firmeza, pidió una alternativa y, como resultado, él y sus compañeros fueron bendecidos con mayor salud y sabiduría que los otros jóvenes.

Consistencia y Madurez Emocional

El principio de *"Consistencia y Madurez Emocional"* se refiere a la capacidad de un líder para mantener una conducta estable y coherente, sin dejarse influenciar por cambios en sus emociones o situaciones externas. La madurez emocional permite al líder reconocer sus sentimientos, pero no ser gobernado por ellos. Esto es crucial porque las emociones son variables e impredecibles, mientras que la consistencia exige actuar de acuerdo con los valores y principios establecidos.

Un líder que toma decisiones basadas en su estado emocional del día corre el riesgo de ser inconsistente, impredecible y perder la confianza de su equipo. Las emociones son cambiantes y pueden estar influenciadas por circunstancias externas, estrés, presiones o incluso factores personales. Si un líder actúa dependiendo de cómo se siente en el momento, puede enviar mensajes contradictorios y generar confusión, creando un entorno laboral inestable y poco confiable.

Salomón nos instruye en Proverbios 16:32: *"Mejor es el que tarda en airarse que el fuerte; y el que se enseñorea de su espíritu, que el que toma una ciudad"*. Este proverbio destaca la importancia de la autodisciplina y el control emocional, considerándolos más valiosos que la fuerza física o las victorias militares. En la cultura antigua, conquistar una ciudad representaba poder y valentía, pero el autor de Proverbios nos enseña que el dominio propio es aún más admirable. Este versículo eleva el carácter y la madurez emocional por encima de las hazañas físicas, resaltando el valor de la fortaleza interior.

Detente y Reflexiona

En conclusión, la consistencia en el liderazgo no es solo una cualidad deseable; es un pilar fundamental que determina el éxito de cualquier proyecto o visión. A lo largo de este capítulo, hemos visto que la coherencia entre las palabras y acciones del líder, el enfoque claro y la estabilidad en sus decisiones son ingredientes clave para construir confianza y credibilidad. La consistencia ofrece dirección y seguridad al equipo, incluso en medio de circunstancias adversas.

Tanto en el ámbito empresarial, como en el ejemplo de Chick-fil-A, como en el bíblico con Daniel, la consistencia basada en principios sólidos permite a los líderes destacarse y sostener su influencia a largo plazo. El carácter y la madurez emocional del líder son la base sobre la que se edifican estos comportamientos consistentes, mostrando que la verdadera fortaleza no está en reaccionar impulsivamente a las emociones del día, sino en actuar con autocontrol y disciplina.

Por lo tanto, la consistencia es más que un hábito; es un reflejo del carácter interno y de los valores fundamentales que guían al líder. Proverbios 16:32 nos enseña que el dominio propio es más poderoso que las conquistas externas, subrayando que la verdadera victoria radica en el control emocional y la coherencia personal.

Los líderes que aprenden a mantenerse firmes en sus principios, sin importar las circunstancias, se convierten en anclas para sus equipos, capaces de guiar con integridad y confianza hacia la materialización de la visión. En definitiva, la consistencia no solo ayuda a alcanzar los objetivos, sino que también moldea al líder y fortalece la cultura organizacional, dejando un legado de credibilidad y éxito duradero.

16

La Presión de la Visión

En el mundo del liderazgo, especialmente cuando se trata de construir e implantar una visión innovadora, la presión es una constante. Los líderes con una visión transformadora enfrentan grandes desafíos. Si no se manejan bien, estas presiones pueden agotar al líder y desviar la visión.

La Naturaleza de la Presión

Imaginemos por un momento a un líder corporativo que está impulsando una visión audaz: transformar su empresa en un referente de sostenibilidad dentro de su industria. A primera vista, esto suena inspirador, pero ¿qué hay detrás de este sueño? A menudo, lo que no vemos son las noches de insomnio, los momentos de duda y las voces internas que le preguntan: ¿Y si fallas? ¿Qué pensarán de ti? Esta presión puede dividirse en varias categorías:

La presión de no fallar: Cuando un líder establece una visión innovadora, las expectativas son altas. El fracaso no se percibe simplemente como un revés, sino como una amenaza al carácter y la credibilidad del líder. Los seguidores, accionistas y empleados esperan éxito y resultados. Isaías 41:10 dice *"No temas, porque yo estoy contigo; no desmayes, porque yo soy tu Dios que te fortalece; siempre te ayudaré, siempre te sustentaré con la diestra de mi justicia."*

Este versículo ofrece una poderosa promesa para los líderes que enfrentan la presión y el temor al fracaso. Les recuerda que no están solos en su misión y que Dios les da fuerza y apoyo. Es un llamado a confiar en un poder superior mientras avanzan en su visión, proporcionando consuelo y valentía en medio de los desafíos y la incertidumbre.

La presión de ser un ejemplo: Como líderes, se espera que representen integridad, determinación y visión. El líder visionario no solo comunica una idea; encarna los valores de esa visión. Cuando los demás observan, cualquier paso en falso puede interpretarse como una traición a los ideales promovidos. Esto es especialmente cierto en el contexto organizacional, donde la credibilidad es clave.

La presión de las expectativas externas: Los líderes no operan en el vacío; tienen jefes, inversores, mentores y una audiencia que espera resultados concretos. Estas expectativas pueden llevar a un líder a comprometer su visión original para ajustarse a lo que otros consideran *"realista"* o *"aceptable"*.

La Biblia nos dice en Gálatas 1:10: *"Si todavía estuviera tratando de agradar a los hombres, no sería siervo de Cristo".* Este versículo nos recuerda la importancia de mantener nuestra fidelidad a la visión, incluso cuando las expectativas humanas nos empujan en otra dirección.

La presión interna: A veces, la presión más intensa proviene del propio líder. El miedo al fracaso, el perfeccionismo y la comparación con otros líderes exitosos pueden crear una carga insostenible. El apóstol Pablo, en 2 Corintios 12:9, comparte una revelación importante: *"Bástate mi gracia, porque mi poder se perfecciona en la debilidad".* Este es un recordatorio de que no somos llamados a ser perfectos, sino a ser fieles.

La presión del cambio continuo: En un entorno de innovación, el cambio es constante. El líder debe equilibrar la visión a largo plazo con las necesidades y ajustes a corto plazo. Esto puede resultar agotador, ya que la estabilidad a menudo es sacrificada en nombre del progreso.

Cambiar el Mundo Tiene un Precio

Indra Nooyi, ex-CEO de PepsiCo, es una de las líderes empresariales más destacadas de la historia reciente. Su historia es un ejemplo de cómo manejar la presión al implementar una visión innovadora que cambió la trayectoria de una de las compañías de alimentos y bebidas más grandes del mundo.

Cuando Nooyi se convirtió en CEO en 2006, PepsiCo ya era un gigante en la industria. Sin embargo, ella tenía una visión innovadora: transformar la empresa para que se enfocara en productos más saludables y sostenibles, lo que iba en contra de la estrategia tradicional de la compañía. Nooyi fue una de las primeras mujeres CEO de una empresa Fortune 500, y como mujer líder de origen indio, sentía una presión adicional para demostrar su valía. Un fracaso habría reforzado estereotipos negativos sobre la capacidad de las mujeres y las minorías para liderar grandes corporaciones.

Inversores y accionistas dudaban de su estrategia de priorizar productos saludables y sostenibles, presionando por ganancias a corto plazo. Durante la transformación de PepsiCo, enfrentaron fuerte competencia de Coca-Cola y cada decisión fue analizada de cerca, con riesgo de perder cuota de mercado. Nooyi, sin intimidarse, mantuvo su visión y persistió a pesar de las críticas. Con el tiempo, su estrategia probó ser exitosa, logrando un crecimiento significativo en productos más saludables.

Estrategias para Manejar la Presión

Ante estos desafíos, la pregunta se convierte en: ¿Cómo pueden los líderes manejar esta presión de manera saludable y efectiva? A continuación, exploraremos siete estrategias prácticas y bíblicas para enfrentar la presión sin comprometer la visión:

Reenfocar la Perspectiva: Volver al Propósito Central

Cuando la presión es alta, los líderes pueden sentirse abrumados. En esos momentos, es esencial recordar el *"por qué"* de la visión. ¿Qué fue lo que les motivó inicialmente? ¿Qué impacto esperan lograr? Tener claro el propósito proporciona una ancla en medio de la tormenta.

Jesús mismo, durante su ministerio, a menudo se retiraba a orar y reenfocar su misión (Lucas 5:16). Esto nos muestra la importancia de tomarnos un momento para recalibrar nuestras prioridades.

Buscar el consejo sabio: No liderar en soledad

Dice Proverbios 24:6: *"Porque con ingenio harás la guerra, y en la multitud de consejeros está la victoria."*. Este versículo destaca la importancia de la estrategia y la consulta con otros para alcanzar el éxito. La idea es que el líder sabio busca la opinión de múltiples consejeros para tomar decisiones informadas, especialmente en momentos de presión o conflicto. Al igual que en la guerra, donde una estrategia bien pensada es crucial para la victoria, en el liderazgo, la colaboración y el consejo permiten avanzar con confianza y superar los desafíos.

Adoptar una mentalidad de crecimiento: Ver los errores como oportunidades de aprendizaje

Los errores y fracasos no son el fin del camino, sino lecciones valiosas para ajustar la estrategia. Tomemos el ejemplo de Thomas Edison, quien dijo: *"No he fallado. Solo he encontrado 10,000 maneras que no funcionan"*. Como líderes, necesitamos abrazar esta mentalidad, entendiendo que cada obstáculo es una oportunidad para fortalecer la visión.

Practicar el autocuidado: descanso y la salud

Es común que los líderes sacrifiquen su salud física y emocional en nombre de la visión. Sin embargo, el agotamiento puede llevar a una toma de decisiones deficiente y a una visión distorsionada.

El rey Ezequías, quien gobernó Judá, es un excelente ejemplo de un líder bíblico que reconoció la importancia del descanso y la salud. Ezequías fue conocido como un rey piadoso y sabio, que mostró humildad y buscó a Dios en tiempos de enfermedad y agotamiento (2 Reyes 20:1-7).

Orar y meditar: Conectar con lo divino para buscar paz

La oración y la meditación permiten al líder encontrar paz en medio del caos. La Biblia nos insta en Filipenses 4:6-7: *"No se inquieten por nada, más bien, en toda ocasión, presenten sus peticiones a Dios... y la paz de Dios... guardará sus corazones"*. Buscar guía divina ayuda a calmar el corazón y la mente.

Definir límites claros: Saber decir "no"

No todas las oportunidades que se presentan contribuyen a la visión. Aprender a decir "no" es una habilidad esencial para el líder. Esto permite concentrar energía y recursos en lo que realmente importa. Jesús mismo rechazó algunas peticiones cuando no estaban alineadas con su misión central (Mateo 15:24), mostrando así que priorizar el propósito por encima de distracciones es clave para cumplir la misión de forma efectiva.

Celebrar los logros pequeños: Reconocer el progreso

Los líderes a menudo están tan enfocados en el objetivo final que olvidan reconocer los avances pequeños. Tomarse el tiempo para celebrar los logros, por mínimos que sean, puede rejuvenecer el espíritu y renovar el entusiasmo del equipo, aumentando la motivación, fortaleciendo la moral y reconociendo el progreso.

Detente y Reflexiona

La presión que acompaña a una visión audaz es inevitable, pero también es una señal de que estamos avanzando hacia algo significativo y transformador. Los líderes que se atreven a soñar en grande y a perseguir una visión innovadora sentirán el peso de la responsabilidad, el temor al fracaso y la incertidumbre del cambio. Sin embargo, es precisamente en esos momentos de tensión donde se revela el verdadero carácter del líder.

La clave para manejar esta presión no está en evitarla, sino en aprender a llevarla con gracia y sabiduría. Rodearse de consejeros sabios, cultivar el autocuidado físico y espiritual, y buscar fortaleza en Dios son estrategias fundamentales para sostener la visión. Como vimos en los ejemplos de la Biblia, los grandes líderes del pasado encontraron fuerza y dirección al descansar, delegar y confiar en el plan divino.

Recordemos las palabras de Proverbios 3:5-6: *"Confía en el Señor con todo tu corazón y no te apoyes en tu propio entendimiento; reconócelo en todos tus caminos, y Él enderezará tus sendas"*. En medio de la presión, esta confianza nos permite caminar con valentía y fe, sabiendo que la visión no es solo nuestra, sino parte de un propósito mayor.

Así que, al enfrentar la presión de la visión, respiremos profundo, enfoquémonos en el propósito y avancemos con la certeza de que no estamos solos. Con Dios como nuestro guía, la presión puede transformarse en el impulso necesario para alcanzar lo que parecía imposible.

17

Evitando el Agotamiento

Volvamos por un momento al texto bíblico de Habacuc que citamos al inicio de este libro. Especialmente, me gustaría resaltar lo que dice al final de este texto lo siguiente:

"Aunque la visión tardará aún por un tiempo, más se apresura hacia el fin, y no mentirá; aunque tardare, espéralo, porque sin duda vendrá, no tardará" (Habacuc 2:3).

En el liderazgo, tanto en el ministerio como en la empresa, el agotamiento es un riesgo común. Muchos líderes comienzan con entusiasmo, pero pronto enfrentan el desgaste. Sin una visión clara y equipos efectivos, el trabajo puede volverse abrumador en vez de significativo. En este capítulo, veremos cómo la visión guía nuestras acciones y nos puede ayudar a prevenir el agotamiento y desgaste emocional, ofreciendo dirección, enfoque y energía renovada.

La Visión: Ancla en Tiempos de Espera

El versículo de Habacuc resuena con aquellos líderes que se sienten atrapados en un ciclo de espera. ¿Cuántas veces hemos sentido que la visión que Dios nos ha dado *"tardará aún por un tiempo"*? En el mundo corporativo, esto es equivalente a los largos períodos de desarrollo de proyectos, los cuales parecen no avanzar al ritmo deseado. Sin embargo, el mensaje es claro: la visión no miente, y aunque parezca que tarda, está en camino. Pero, ¿qué hacemos mientras esperamos?

El problema no es solo la espera, sino la incertidumbre que esta trae consigo. Cuando la visión se vuelve borrosa, el líder puede perder el rumbo y sentirse abrumado. Es aquí que la visión actúa como un mapa en medio del desierto, guiándonos y dando propósito a cada paso, por pequeño que sea.

El Líder en la Niebla

Hace unos años, conocí a un líder de una organización sin fines de lucro que enfrentaba un agotamiento severo. Empezó su ministerio con pasión, pero después de años de trabajo intenso, su entusiasmo se había desvanecido. Al hablar con él, quedó claro que la razón principal no era la carga de trabajo, sino la falta de una visión clara. Había perdido el *"por qué"* detrás de sus esfuerzos. Cuando finalmente se detuvo y dedicó tiempo a buscar la dirección divina y redefinir su visión, su energía y enfoque volvieron. El problema no era la cantidad de trabajo, sino la ausencia de una meta tangible y clara que justificara su sacrificio.

Este desenfoque nos puede llevar a un estado muy serio conocido en el mundo clínico como el *"Síndrome de Burnout o Quemazón".* La sintomatología es un estado de agotamiento físico, emocional y mental causado por el estrés crónico en el ámbito laboral o de liderazgo. Se caracteriza por una sensación de agotamiento extremo, pérdida de motivación y disminución de la productividad y concentración, a menudo acompañada de sentimientos de irritabilidad o desapego hacia el trabajo.

Este síndrome no solo afecta el desempeño profesional, sino que también puede tener consecuencias graves para la salud física y mental, por lo que es crucial identificarlo a tiempo y tomar medidas para recuperarse y prevenirlo.

Los Equipos Aligeran la Carga

Un ejemplo perfecto y poco usado es la historia de Débora, la jueza visionaria de Israel. Su historia demuestra cómo una visión clara y equipos efectivos pueden evitar el agotamiento, especialmente cuando se trata de una mujer líder en tiempos difíciles. Débora es un ejemplo único de liderazgo en la Biblia, pues fue una profetisa y jueza de Israel, guiando a su pueblo con valentía y sabiduría en medio de una crisis nacional.

La historia de Débora se encuentra en el libro de Jueces, capítulo 4. En este período, Israel estaba oprimido por Jabín, rey de Canaán, y su comandante, Sísara, quien tenía un poderoso ejército con 900 carros de hierro. La opresión era tan severa que el pueblo de Israel estaba exhausto y desesperado, clamando a Dios por liberación.

Débora recibió una visión clara de parte de Dios, lo que le permitió liderar sin vacilar. Llamó a Barac, un líder militar de Israel, y le dio instrucciones precisas de parte de Dios: *"Ve, junta a tu ejército en el monte Tabor, porque yo entregaré a Sísara en tus manos"* (Jueces 4:6-7). Barac, aunque tenía el conocimiento militar, no estaba seguro de sí mismo y pidió a Débora que lo acompañara, reconociendo su liderazgo y visión.

Este momento es crucial porque muestra cómo Débora no solo tenía una visión, sino que también supo motivar y fortalecer a su equipo. Ella entendía que la victoria no era solo un resultado de la estrategia militar, sino de seguir la visión divina y confiar en el equipo que Dios había provisto.

Por eso, ella no intentó llevar la carga sola; en lugar de eso, compartió la responsabilidad con Barac y el ejército de Israel. Esta capacidad para delegar y confiar en otros líderes evitó que se agotara y permitió que el esfuerzo fuera compartido. Débora dijo: *"Ciertamente, iré contigo"* (Jueces 4:9), mostrando que aunque estaba dispuesta a acompañar, reconocía la importancia de que cada miembro del equipo cumpliera su rol.

Ganemos Campeonatos

Michael Jordan es ampliamente considerado como el mejor jugador en la historia del baloncesto. Sin embargo, en sus primeros años en la NBA, aunque Jordan era un anotador imparable y una superestrella indiscutible, no lograba ganar campeonatos, siendo eliminados consecutivamente en los playoffs.

Al principio de su carrera, Michael Jordan estaba enfocado en demostrar su habilidad como jugador. Promediaba más de 30 puntos por partido y ganaba premios como el MVP (Jugador Más Valioso) y el Mejor Anotador de la Liga, pero sus logros individuales no se traducían en campeonatos para los Bulls. Jordan intentaba ganar los partidos prácticamente solo, y aunque tenía el talento para hacerlo, los equipos rivales lo neutralizaban con tácticas defensivas agresivas.

Un día su antiguo coach le dijo: *"Nunca ganarás una sortija de campeón hasta que no aprendas a confiar en tus compañeros y hacerlos parte del juego"*. Jordan tuvo que aprender a soltar el balón, a delegar, y a aprovechar las habilidades de sus compañeros, lo cual elevó el nivel de juego de todo el equipo. Una vez que Michael Jordan hizo este ajuste en su mentalidad, los Chicago Bulls se convirtieron en un equipo imparable, ganando eventualmente 6 campeonatos de la NBA.

El Equilibrio Entre Actividad y Descanso

El agotamiento es, muchas veces, un reflejo de una vida desequilibrada. El rey David escribió: *"En paz me acostaré, y así mismo dormiré; porque solo tú, Señor, me haces vivir confiado"* (Salmo 4:8).

El descanso es un mandato divino, pero en el mundo actual, parece casi imposible detenerse. Vivimos en una cultura que glorifica la productividad constante, ignorando que el descanso es esencial para renovar fuerzas, preservar la salud mental y mantener una perspectiva clara. Sin descanso, incluso los mejores esfuerzos pueden llevar al agotamiento.

Agenda tu Descanso

Arianna Huffington, fundadora de The Huffington Post y autora de varios libros de autoayuda y liderazgo, es un ejemplo notable del poder del descanso y cómo su falta puede llevar al agotamiento extremo. En sus propias palabras, el descanso no solo es esencial para la salud personal, sino también para el éxito profesional.

En 2007, ella experimentó un colapso físico mientras estaba en su oficina. Había estado trabajando largas horas sin parar, sacrificando el sueño para cumplir con las demandas de su creciente empresa. Una noche, después de semanas de dormir apenas 3 o 4 horas por noche, Arianna se desmayó, cayendo al suelo y golpeándose la cabeza contra el escritorio. Cuando despertó, estaba en el suelo, sangrando y completamente desorientada.

El diagnóstico fue claro: agotamiento extremo. No se debía a una enfermedad o a un problema de salud subyacente, sino a la falta de descanso adecuado y a un estilo de vida que glorificaba la productividad constante a expensas del bienestar.

Este evento fue un punto de inflexión en la vida de Arianna. En lugar de ignorar la advertencia, decidió hacer cambios drásticos en su rutina. Comenzó a priorizar el descanso, estableciendo una rutina de sueño más saludable y promoviendo el bienestar integral tanto para ella como para su equipo. Esta transformación se convirtió en parte de su mensaje público, y escribió el libro *"The Sleep Revolution"*, donde explica cómo el descanso adecuado es crucial para la productividad, la creatividad y el liderazgo.

Después de hacer estos cambios, Arianna descubrió que era más productiva, creativa y efectiva que nunca. Aprendió que el descanso no es una señal de debilidad, sino una herramienta poderosa para el éxito. A través de su propia experiencia, comenzó a promover la idea de que el sueño adecuado es una inversión, no una pérdida de tiempo.

De hecho, si hay uno de los principios que estoy aquí enseñando que practico con gran intencionalidad es el de agendar mi descanso. Mis líderes y asociados saben que el día jueves es mi tiempo para descansar y mi tiempo personal. En ese día yo no respondo llamadas, ni mensajes de textos....¡Nada! Todos mis líderes lo saben y lo respetan, además de que he sido consistente en mantenerlo. Créanme, trae grandes beneficios.

7 Consejos Prácticos para Evitar el Agotamiento

Aquí tienes siete consejos prácticos respaldados por principios bíblicos para mantener un equilibrio saludable entre el trabajo y el descanso.

1. Establece Límites Claros para el Trabajo: Aprende a definir cuándo termina tu jornada laboral y cuándo comienza tu tiempo personal. Esto ayuda a prevenir el agotamiento y a proteger tu tiempo de descanso. El descanso es una parte esencial de la vida, no un lujo. Dice Éxodo 20:9-10: *"Seis días trabajarás, y harás toda tu obra; pero el séptimo día es reposo para Jehová tu Dios"*

2. Practica el Descanso Activo: Descansar no significa necesariamente inactividad total. El descanso activo, como pasear al aire libre, practicar ejercicio moderado o meditar en la Palabra, puede ser revitalizante y ayudarte a desconectarte del estrés laboral. Dice Mateo 11:28: *"Venid a mí todos los que estáis trabajados y cargados, y yo os haré descansar"*

3. Programa Momentos de Silencio y Reflexión: Tómate tiempo durante el día para detenerte y reflexionar, incluso si es solo por unos minutos. Estos momentos de pausa te permiten evaluar tu estado emocional y renovar tu energía mental. Nos aconseja el Salmo 46:10, lo siguiente: *"Estad quietos, y conoced que yo soy Dios"*

4. Prioriza el Sueño Adecuado: El sueño es fundamental para la salud física y mental. Asegúrate de dormir lo suficiente cada noche, estableciendo una rutina que te permita descansar bien y despertar renovado. Dice Salmo 4:8: *"En paz me acostaré, y asimismo dormiré; porque solo tú, Jehová, me haces vivir confiado"*

5. Delegar Responsabilidades es Sabiduría, no Debilidad: No intentes hacerlo todo tú solo. Delegar tareas a otros no solo alivia tu carga, sino que también permite que otros desarrollen sus habilidades. Aprender a soltar el control es clave para evitar el agotamiento. Salomón nos aconseja así en Eclesiastés 4:10: *"Porque si caen, el uno levantará a su compañero; pero ¡ay del solo! que cuando cayere, no habrá segundo que lo levante"*.

6. Agenda Tiempo para Actividades Recreativas: No te olvides de disfrutar de actividades que te traigan alegría y te permitan desconectar del trabajo. Ya sea leer, practicar un hobby o pasar tiempo con amigos y familia, estas actividades renuevan tu espíritu. Dice Eclesiastés 3:1: *"Todo tiene su tiempo, y todo lo que se quiere debajo del cielo tiene su hora"*

7. Busca la Presencia de Dios para Renovar Tus Fuerzas: El descanso físico es importante, pero también lo es el descanso espiritual. Tómate tiempo para orar, meditar en la Palabra de Dios y buscar Su presencia. Esto traerá paz y renovación a tu alma. El profeta nos dice en Isaías 40:31: *"Pero los que esperan a Jehová tendrán nuevas fuerzas; levantarán alas como las águilas; correrán, y no se cansarán; caminarán, y no se fatigarán"*

Detente y Reflexiona

El agotamiento no es el destino de un líder, sino una señal de que algo necesita ajustarse. La visión nos impulsa hacia adelante, aun cuando el camino es difícil. Recuerda que la visión puede *"tardar"*, pero es segura. No es simplemente una idea o un sueño vago, sino una promesa divina que Dios mismo cumple a su tiempo perfecto.

La visión no es solo una estrategia; es un llamado. Y como dice Habacuc, aunque parezca tardar, espérala con paciencia y fe, porque sin duda vendrá. Cuando tenemos claro hacia dónde nos dirigimos y contamos con un equipo que comparte nuestra carga, podemos enfrentar cada día con renovada energía, sabiendo que nuestro trabajo tiene un propósito eterno.

Que este capítulo te inspire a buscar esa visión divina, a confiar en el proceso, y a encontrar el equilibrio que te permitirá liderar con poder y gracia, reflejando el descanso y la paz verdadera que solo provienen de Dios.

18

La Crítica es Publicidad No Pagada

Toda visión poderosa atrae crítica. Los líderes con metas claras y ambiciosas inevitablemente enfrentan detractores, ya sea en el ámbito ministerial o corporativo. Esto ocurre porque una visión desafía lo establecido, sacude el statu quo y redefine el futuro. Sin embargo, para el líder sabio, la crítica se convierte en una valiosa herramienta: publicidad gratuita.

En Mateo 5:11-12, Jesús enseñó a sus discípulos: *"Bienaventurados sois cuando por mi causa os vituperen y os persigan, y digan toda clase de mal contra vosotros, mintiendo. Gozaos y alegraos, porque vuestro galardón es grande en los cielos"*. Jesús entendía que la crítica es una parte inevitable del liderazgo y de una visión que desafía lo establecido. La clave está en cómo respondemos a esa crítica y qué hacemos con ella.

La Crítica es el Precio del Liderazgo

J.K. Rowling, la autora detrás de la serie de libros de Harry Potter, es un ejemplo notable de cómo superar la crítica y el rechazo para alcanzar el éxito. Su historia es una inspiradora lección sobre la perseverancia, la visión y la capacidad de convertir las críticas en una fuente de motivación.

En la década de 1990, Joanne Rowling enfrentaba grandes dificultades como madre soltera con recursos limitados y luchando contra la depresión. Durante este tiempo, comenzó a escribir la historia de un niño mago que más tarde sería conocido mundialmente como Harry Potter. Tras completar el primer libro, se topó con un desafío que casi la hizo abandonar: el rechazo de 12 editoriales, que consideraron su manuscrito poco atractivo y demasiado extenso para los niños. Incluso le sugirieron cambiar de carrera.

A pesar de las críticas, Rowling mantuvo su fe en su visión y continuó buscando oportunidades. Finalmente, Bloomsbury, una pequeña editorial, aceptó publicarlo, imprimiendo solo 500 copias inicialmente, sin grandes expectativas. Contra todo pronóstico, el libro conectó de inmediato con los lectores y se convirtió en un fenómeno literario.

Hoy, la saga de Harry Potter ha vendido más de 500 millones de copias, traducido a más de 80 idiomas y adaptado a una exitosa franquicia cinematográfica. J.K. Rowling pasó de ser una autora desconocida a convertirse en una de las mujeres más ricas y exitosas del mundo, con un patrimonio superior a 1 billón de dólares.

Amigos, el rechazo y la crítica son inevitables cuando presentas algo nuevo y diferente. La clave está en no dejarse derrotar por ellos, sino usarlos como oportunidades para mejorar y seguir adelante. Como dice Santiago 1:3: *"Sabiendo que la prueba de vuestra fe produce paciencia".* Las pruebas, incluidos los rechazos y las críticas, nos ayudan a desarrollar resiliencia y a perfeccionar nuestra visión.

La crítica es el precio que se paga por tener una visión ambiciosa. Si no estás siendo criticado, es probable que tu visión no sea lo suficientemente grande. El apóstol Pablo enfrentó una oposición significativa a lo largo de su ministerio. En 2 Corintios 12:10, dijo: *"Por lo cual, por amor a Cristo, me gozo en las debilidades, en insultos, en necesidades, en persecuciones, en angustias; porque cuando soy débil, entonces soy fuerte".* Pablo no solo aceptó la crítica, sino que la vio como una oportunidad para fortalecerse.

La Crítica: Oportunidad de Crecimiento

El líder sabio no solo acepta la crítica; la transforma en una herramienta para mejorar. En el mundo corporativo, los líderes exitosos buscan retroalimentación continua, conscientes de que incluso la crítica negativa puede afinar y fortalecer su visión.

Cuando Tesla, liderada por Elon Musk, inició el desarrollo de autos eléctricos de alta gama, enfrentó duras críticas de la industria automotriz tradicional. Los expertos cuestionaron la viabilidad de estos vehículos, señalando problemas como la autonomía limitada, altos costos y la falta de infraestructura para cargarlos. Sin embargo, Tesla superó las expectativas y revolucionó el mercado. Hoy, la compañía está valorada en $780 mil millones de dólares.

Cuando Airbnb lanzó su plataforma en 2008, enfrentó escepticismo y críticas de la industria hotelera y expertos. La idea de que extraños alquilaran habitaciones o apartamentos privados parecía insegura y poco viable. Muchos dudaban que los viajeros prefirieran esto sobre hoteles tradicionales con servicios y estándares consolidados. Hoy, la empresa está valorada en $86.35 mil millones y genera más de $10 mil millones anuales.

En 2009, Uber enfrentó duras críticas de la industria de taxis en todo el mundo. Permitir que cualquier persona con un auto ofreciera servicios de transporte se consideraba una idea radical y peligrosa. Taxistas y compañías tradicionales acusaron a Uber de competencia desleal, señalando que no cumplía con las mismas regulaciones ni pagaba licencias como los taxis. Hoy, Uber Technologies está valorada en $163.08 mil millones de dólares.

Nada mal para tres "malas" ideas, ¿verdad? Jeff Bezos, fundador de Amazon, dijo una vez: *"Si vas a hacer algo nuevo, prepárate para ser malinterpretado."* Bezos entiende que la innovación inevitablemente atrae críticas, pero esas críticas pueden ofrecer ideas valiosas para mejorar.

Construyamos Un Arca

Un ejemplo claro de cómo un líder transforma la crítica en oportunidad es la historia de Noé. Dios le dio una visión específica: construir un arca para salvar a su familia y a los animales del diluvio (Génesis 6:13-14). En una época donde nadie entendía su propósito, enfrentó burlas constantes. La idea de lluvia y diluvio era desconocida, y construir un arca en tierra seca era una locura.

Aun con toda crítica, Noé perseveró, confiando plenamente en la instrucción divina. La Biblia no da detalles específicos sobre los comentarios exactos que Noé recibió, pero podemos imaginar la incredulidad, el desprecio y las burlas que enfrentó. La gente de su tiempo llevaba una vida corrupta, y al ver a Noé construir el arca, probablemente lo consideraban un loco o un fanático. Noé tuvo que soportar esta crítica por décadas, ya que la construcción del arca tomó mucho tiempo y fue un proyecto desafiante.

En lugar de dejarse desanimar por la crítica, Noé usó este tiempo para confirmar su fe y su obediencia a Dios. Cada comentario negativo, cada burla y cada crítica reforzaban su compromiso con la visión que Dios le había dado. En lugar de cuestionar la visión, Noé continuó con el proyecto, sabiendo que su obediencia salvaría a su familia y preservaría la vida en la Tierra.

En Hebreos 11:7, leemos: *"Por la fe Noé, cuando fue advertido por Dios acerca de cosas que aún no se veían, con temor reverente preparó el arca para la salvación de su casa; y por esa fe condenó al mundo, y fue hecho heredero de la justicia que viene por la fe".* Este versículo destaca que Noé actuó por fe, no por la aprobación de las personas a su alrededor.

Cuando recibas críticas en tu camino hacia el cumplimiento de tu visión, pregúntate: ¿Estoy dispuesto a soportar la oposición para cumplir lo que sé que es correcto? Recuerda que los grandes líderes, enfrentaron críticas y burlas, pero no permitieron que esas voces los desviaran de su propósito. Aunque otros no entiendan tu visión, al final, el cumplimiento de ella será la mejor respuesta a cualquier crítica.

Aprovecha la Publicidad Gratuita

Cada crítica hacia tu visión genera curiosidad y atrae interés, incluso de forma involuntaria. Cuando Starbucks comenzó a expandirse, fue criticado por vender café caro en lugar de opciones económicas. Los escépticos afirmaban que nadie pagaría tanto por una taza. Sin embargo, estas críticas impulsaron a más personas a probar Starbucks y descubrir qué lo hacía diferente.

En Hechos 17:6, leemos sobre Pablo y Silas: *"Estos que trastornan el mundo entero también han venido acá"*. Lo interesante es que esta declaración fue hecha por personas que criticaban su misión. Sin saberlo, sus críticos estaban anunciando el impacto que el mensaje del Evangelio estaba teniendo en el mundo.

Cómo Responder a la Crítica

• **Escucha Activamente:** En lugar de reaccionar defensivamente, escucha la crítica con atención. A veces, detrás de un comentario negativo hay una retroalimentación valiosa que puede ayudarte a mejorar. La crítica es una oportunidad para ver tu proyecto desde una perspectiva diferente y ajustar tu estrategia si es necesario.

• **Evalúa la Fuente de la Crítica:** No todas las críticas son iguales. Considera quién está haciendo el comentario y cuál es su motivación. La crítica constructiva de alguien con experiencia y buenas intenciones puede ser útil, mientras que los comentarios negativos de personas que no entienden tu visión pueden ser ignorados.

- **Agradece la Retroalimentación:** Responder con gratitud puede desarmar a tus críticos y mostrar humildad. Agradecer por la crítica, incluso si no estás de acuerdo, demuestra madurez y apertura al crecimiento. Decir algo como: "Gracias por tu opinión, la tendré en cuenta", muestra que estás dispuesto a escuchar.

- **Enfócate en la Visión, No en la Crítica:** Recuerda que la crítica es inevitable cuando tienes una visión ambiciosa. No permitas que los comentarios negativos te desvíen de tu propósito. Tampoco la hagas personal. Usa la crítica como un recordatorio para mantenerte enfocado en tu objetivo y como una oportunidad para reafirmar tu compromiso con tu visión.

- **No te Defiendas Demasiado:** A veces, la mejor respuesta a la crítica es dejar que tus resultados hablen por ti. En lugar de invertir tiempo y energía en defenderte, sigue avanzando y demostrando el valor de tu visión.

- **Aprende y Mejora:** La mejor forma de responder a la crítica es usarla para mejorar. Si encuentras algo de verdad en el comentario, ajústalo para hacer mejor tu proyecto. La crítica puede ser el empujón necesario para pulir tu trabajo y alcanzar un nivel superior de excelencia.

Detente y Reflexiona

Si tienes una visión, debes estar preparado para la crítica. Es una señal de que estás haciendo algo significativo, algo que vale la pena. En lugar de temer a los críticos, aprende a sacar provecho de ellos. Recuerda que cada vez que alguien habla de tu visión, incluso negativamente, está ayudando a crear conciencia y curiosidad.

En el liderazgo, la crítica no es el fin; es parte del proceso. Al igual que Jesús y Pablo enfrentaron críticas y oposición, tú también lo harás si tienes una visión clara. No dejes que las voces de los críticos te desvíen de tu camino. Usa esas voces como publicidad no pagada y sigue adelante, sabiendo que tu visión tiene el poder de transformar vidas y cambiar el mundo.

19

Practiquemos la Generosidad

La visión es como una semilla que, al ser plantada, tiene el potencial de crecer y dar mucho fruto. Sin embargo, para que esa semilla prospere, debe ser cultivada con generosidad. La generosidad no es solo una virtud; es un principio clave para todo líder que quiera ver su visión cumplida y multiplicada. Jesús dijo en Lucas 6:38: *"Dad, y se os dará; medida buena, apretada, remecida y rebosando darán en vuestro regazo; porque con la misma medida con que medís, os volverán a medir."* Este principio nos muestra que la generosidad es una inversión en la visión y en el futuro.

En el contexto del liderazgo y del mundo corporativo, la generosidad es a menudo vista como una ventaja estratégica. Los líderes que saben compartir sus recursos, tiempo y conocimiento crean una cultura de abundancia que permite que su visión se expanda más allá de lo que podrían haber logrado solos. La generosidad no solo impacta a los demás; también nos transforma, preparándonos para recibir bendiciones más grandes.

La Generosidad Siempre Multiplica

En los negocios, un ejemplo de generosidad estratégica es Bill Gates, cofundador de Microsoft. A través de la Fundación Bill y Melinda Gates, él y su esposa han donado miles de millones para combatir enfermedades, mejorar la educación y reducir la pobreza. Aunque parece beneficiar solo a los destinatarios, esta generosidad también ha fortalecido la reputación global de Microsoft y ampliado la influencia de Gates, impulsando su visión de un mundo mejor.

En la Biblia, un ejemplo claro de generosidad vinculada a la visión es Abraham. Cuando Dios le prometió una descendencia tan numerosa como las estrellas (Génesis 15:5), Abraham respondió actuando con generosidad. No solo recibió las bendiciones de Dios, sino que también las compartió con otros. En Génesis 13:9, ofreció a su sobrino Lot la primera elección de la tierra, mostrando su disposición a dar antes que recibir. Esta actitud fue clave para cumplir la visión divina, abriendo un camino de bendiciones para él y su descendencia.

La Generosidad Atrae Recursos

La generosidad no es solo dar dinero; es un estilo de vida que incluye compartir recursos, tiempo y conocimiento. Un líder generoso no teme compartir su sabiduría con su equipo, sabiendo que cuando otros crecen, también lo hace la visión.

En Proverbios 11:25, se nos dice: *"El alma generosa será prosperada; y el que saciare, él también será saciado."* Esto significa que, al ser generosos, abrimos la puerta para que Dios provea lo necesario para llevar a cabo nuestra visión.

Imaginemos a un empresario con una visión de expandir su negocio. En lugar de acaparar recursos, decide compartir conocimientos con otros emprendedores y apoyar el desarrollo profesional de sus empleados. Aunque pueda parecer arriesgado, esta generosidad suele crear una red de personas comprometidas que impulsan su visión. La generosidad fomenta reciprocidad y fortalece su liderazgo.

En el Nuevo Testamento, vemos a los primeros cristianos compartiendo sus bienes y recursos para el bien común. En Hechos 2:44-45, se describe cómo los creyentes vendían sus propiedades y compartían todo con los demás, para que nadie tuviera necesidad. Este espíritu de generosidad permitió que la iglesia primitiva creciera rápidamente y extendiera su visión del Evangelio a muchas naciones.

La Generosidad Crea Un Mundo Mejor

La empresa de productos para actividades al aire libre, Patagonia, han adoptado la generosidad como parte de su visión. Yvon Chouinard, fundador de Patagonia, ha donado una gran parte de las ganancias de la empresa a causas medioambientales. Esto no solo ha fortalecido la reputación de su marca, sino que ha creado un movimiento global de personas alineadas con su visión de proteger el planeta. Su generosidad ha traído crecimiento, clientes comprometidos y consolidación como líder en su industria.

Esto se alinea con el principio bíblico de sembrar para cosechar. En 2 Corintios 9:6, Pablo escribe: *"El que siembra escasamente, también segará escasamente; y el que siembra generosamente, generosamente también segará."* La generosidad atrae abundancia y crea un ciclo de bendición que impulsa la visión hacia adelante.

La Fe y la Generosidad

La generosidad requiere fe, especialmente cuando los recursos son limitados. Sin embargo, la Biblia promete bendiciones para quienes eligen dar. En Lucas 6:38, Jesús asegura que al dar, recibiremos una medida buena, apretada y rebosante. Este principio del Reino también se aplica al liderazgo y al ámbito corporativo. Un líder generoso crea un entorno de abundancia, fomenta la confianza y atrae recursos inesperados que impulsan el cumplimiento de su visión.

Un ejemplo bíblico de esto es la viuda de Sarepta (1 Reyes 17:8-16). Cuando el profeta Elías le pidió comida en medio de una sequía, una viuda, con un poco de harina y aceite, decidió compartirlo. Su generosidad, a pesar de sus recursos limitados, fue un acto de fe y confianza que permitió a Dios multiplicar su provisión. Como resultado, ella y su familia tuvieron suficiente para sobrevivir durante la sequía. Su acto liberó un milagro a su favor.

La Generosidad Aumenta la Influencia

Los líderes generosos logran que su influencia se extienda mucho más allá de lo que imaginaban. Cuando eres generoso, no solo compartes tus recursos; compartes tu visión con los demás, y esto inspira a otros a unirse a tu causa.

En el ámbito ministerial, muchos pastores y líderes han visto sus iglesias crecer no solo porque ofrecen un buen mensaje, sino porque están dispuestos a dar, ya sea tiempo, recursos o amor, a quienes más lo necesitan.

En el mundo corporativo, esto se traduce en una cultura de empresa fuerte, donde los empleados sienten que son valorados y están dispuestos a dar su mejor esfuerzo. Las empresas que practican la generosidad a menudo tienen menos rotación de empleados y una mejor relación con sus clientes, lo que impulsa el crecimiento a largo plazo.

Detente y Reflexiona

La Generosidad lleva a la abundancia. Si tienes una visión, aprende a ser generoso. La generosidad no es solo un acto de bondad; es una estrategia poderosa para cumplir tu propósito. Cuando compartes lo que tienes, abres la puerta para recibir más. La semilla que siembras hoy, en forma de generosidad, se multiplicará mañana como fruto de tu visión.

Recuerda las palabras de Proverbios 11:24-25: *"Hay quienes reparten, y les es añadido más; y hay quienes retienen más de lo que es justo, pero vienen a pobreza. El alma generosa será prosperada; y el que saciare, él también será saciado."* La verdadera abundancia comienza cuando aprendemos a dar sin reservas, confiando en que Dios multiplicará nuestras acciones generosas y llevará nuestra visión a lugares que nunca imaginamos.

20
Construyendo Un Legado

Dicen que un abuelo le preguntó a su nieto: *"¿Qué quieres heredar de mí?"* El nieto respondió: *"Tu auto, tu casa y tus ahorros."* El abuelo sonrió y dijo: *"Entonces, mejor te dejo mis deudas y mi fe, porque sin fe no habría construido nada de eso."* Un legado generacional no es solo lo material; es la transferencia de valores y principios que construyen vidas.

El verdadero legado que dejamos a las futuras generaciones no se limita a bienes tangibles, como dinero, propiedades o posesiones materiales. Aunque estos aspectos pueden ser parte de un legado, lo más valioso que podemos transmitir son los valores, principios, creencias y enseñanzas, Hablamos de carácter, integridad, fe, amor, y el ejemplo que dejamos con nuestras acciones.

En Proverbios 13:22, leemos: *"El hombre bueno deja herencia a los hijos de sus hijos"*. Es decir, que un legado generacional es el fruto de una visión clara, transmitida de generación en generación, y tiene el poder de transformar no solo a una familia, sino a comunidades enteras e incluso naciones.

¿Qué es un Legado Generacional?

Un legado generacional es aquello que dejamos atrás, pero que continúa produciendo frutos mucho después de nuestra partida. Es la marca indeleble de nuestras acciones, decisiones y visión. Es aquello por lo que seremos recordados, más allá de los logros personales o del éxito temporal. Un legado es la transferencia de sabiduría, valores y visión a las futuras generaciones.

Obsesión con el "Ahora"

Existen diversas razones por las que algunas personas tienden a enfocarse solo en su propia generación, sin considerar el impacto de sus acciones o decisiones en las futuras generaciones. A continuación, analizo algunas de las causas principales de esta mentalidad y el efecto que puede tener en la creación de un legado duradero.

1. Enfoque en Resultados a Corto Plazo: Muchos empresario y ministros, se centran en resultados inmediatos y en alcanzar metas a corto plazo. Esto puede deberse a la presión de obtener ganancias rápidas, lograr reconocimiento o satisfacer demandas urgentes. La mentalidad de *"ahora o nunca"* lleva a las personas a tomar decisiones que benefician solo al presente, sin pensar en las consecuencias a largo plazo.

2. Falta de Visión a Largo Plazo: Tener una visión a largo plazo requiere imaginación, planificación estratégica y la habilidad de ver más allá de las necesidades inmediatas. No todos los líderes o personas desarrollan esta capacidad. La falta de visión a largo plazo puede estar influenciada por una mentalidad limitada, el miedo al cambio o la falta de preparación para pensar más allá del presente.

En la Biblia, vemos que el rey Ezequías, después de recibir la profecía de que su descendencia sería llevada al cautiverio, respondió diciendo: *"Buena es la palabra de Jehová que has hablado"* (Isaías 39:8). Ezequías estaba aliviado porque esto no ocurriría durante su reinado. Su enfoque estaba en el presente y no mostró preocupación por las generaciones futuras.

3. Miedo a la Incertidumbre del Futuro: Pensar en el futuro puede generar ansiedad e incertidumbre, porque no sabemos exactamente qué ocurrirá. Algunas personas prefieren enfocarse en lo que pueden controlar en el presente, en lugar de invertir tiempo y energía en algo que parece incierto. El miedo al fracaso también puede jugar un papel importante; las personas evitan planificar para el futuro porque temen que sus esfuerzos no den frutos.

4. Egocentrismo y Búsqueda de Logros Personales: Algunas personas están tan enfocadas en su éxito personal que no consideran el impacto de sus acciones en los demás o en el futuro. El egocentrismo y la búsqueda de logros individuales a menudo llevan a decisiones impulsivas que solo benefician a la generación actual. Este enfoque limita la posibilidad de crear un impacto positivo duradero.

La clave para pensar en las futuras generaciones es desarrollar una mentalidad de mayordomía, donde vemos nuestras decisiones como semillas que plantamos hoy para cosechar mañana. Cuando comprendemos que somos parte de algo más grande que nosotros mismos, podemos empezar a construir un legado que no solo beneficie a la generación actual, sino que bendiga a las generaciones venideras.

Un Legado de Creatividad e Innovación

Es muy difícil encontrar un mejor ejemplo para esta sección que el icónico Walt Disney. Su visión no solo creó un imperio del entretenimiento, sino que dejó un legado de creatividad, innovación y magia que sigue impactando a millones de personas alrededor del mundo, décadas después de su muerte. Disney solía decir: *"Prefiero mirar hacia el futuro que lamentarme por el pasado."* Esta mentalidad visionaria es la clave para construir un legado duradero.

La Fe y la Visión de Caleb

Un ejemplo destacado de alguien enfocado en construir un legado generacional es Caleb, uno de los doce espías enviados por Moisés a explorar la Tierra Prometida (Números 13-14).

Caleb demostró una fe y visión que no solo transformaron su vida, sino que también aseguraron una herencia para sus descendientes. Mientras los otros espías se enfocaron en los gigantes y obstáculos, Caleb y Josué trajeron un reporte positivo, viendo oportunidades y recordando la promesa de Dios.

En Números 13:30, Caleb dijo con valentía: *"Subamos luego, y tomemos posesión de ella; porque más podremos nosotros que ellos."* Caleb tenía una visión clara del futuro y sabía que Dios cumpliría Su promesa, a pesar de la oposición y la incredulidad de los demás.

La diferencia con Caleb es que no estaba pensando solo en su propio bienestar. Él quería que el pueblo de Israel entrara y disfrutara de la Tierra Prometida, una herencia que debía pasar a las futuras generaciones.

La Recompensa de Caleb

Debido a la incredulidad del pueblo, Dios decretó que esa generación vagaría 40 años por el desierto y que solo Josué y Caleb entrarían a la Tierra Prometida (Números 14:24). A los 85 años, tras la conquista, Caleb se acercó a Josué para reclamar la promesa que Dios le había hecho décadas atrás, manteniendo viva su visión.

En Josué 14:12, Caleb dijo: *"Dame, pues, ahora este monte, del cual habló Jehová aquel día."* Caleb estaba dispuesto a luchar por su herencia, no solo para él, sino para sus descendientes. Finalmente, recibió la región de Hebrón como herencia, y esta tierra se convirtió en la posesión de su familia por generaciones.

Una Historia Más

Un ejemplo real de legado generacional es la familia Rockefeller. John D. Rockefeller, fundador de la Standard Oil Company, no solo acumuló una gran fortuna; él y su familia se comprometieron a la filantropía, donando millones para causas educativas, científicas y culturales.

La Fundación Rockefeller continúa su legado, financiando investigaciones médicas y apoyando organizaciones sin fines de lucro. Rockefeller comprendió que un verdadero legado no se trata de acumular riquezas, sino de sembrar semillas que impacten a la humanidad por generaciones.

En la Biblia, David tuvo una visión clara: construir el templo de Dios. Aunque no lo vio terminado, preparó todo para que su hijo Salomón cumpliera esa misión (1 Crónicas 22:5). David dejó instrucciones precisas y reunió los materiales necesarios, asegurando que la visión se realizara después de su muerte. Su legado no fue solo un edificio, sino un lugar de encuentro con Dios que transformó la adoración en Israel.

Invierte en los Próximos

Para construir un legado, debes invertir en las personas que continuarán tu obra. Invierte tiempo, conocimiento y recursos en mentoría y formación. En 2 Timoteo 2:2, Pablo le dice a Timoteo: *"Lo que has oído de mí ante muchos testigos, esto encarga a hombres fieles que sean idóneos para enseñar también a otros".* El verdadero éxito de un líder se mide no solo por sus logros personales, sino por lo que alcanza a través de las personas que ha mentoreado y empoderado.

Invertir en otros requiere intencionalidad: dedicar tiempo a enseñar, guiar y formar a quienes tienen el potencial de llevar adelante tu visión. El liderazgo efectivo trasciende los logros personales; se centra en multiplicar el impacto a través de otros. Al comprometerse a formar líderes, se siembran semillas cuyo fruto perdurará por generaciones.

En el ámbito empresarial, por ejemplo, Jack Welch, ex-CEO de General Electric, fue conocido por su énfasis en el desarrollo de líderes dentro de la organización. Welch dedicó gran parte de su tiempo a identificar y capacitar a los futuros líderes de GE. Gracias a su enfoque en la mentoría y en el desarrollo de talentos, dejó un legado duradero que siguió beneficiando a la empresa mucho después de su retiro.

Pablo y Timoteo: Una Transferencia de Sabiduría

El texto bíblico de 2 Timoteo 2:2 nos ofrece un ejemplo perfecto de este principio en acción. Pablo, un apóstol experimentado y mentor, sabía que su tiempo en la tierra era limitado. Para garantizar que su ministerio y enseñanza no se perdieran, invirtió en Timoteo, un joven líder con potencial.

La construcción del legado de Pablo sigue una clara secuencia: Pablo enseña a Timoteo, Timoteo a hombres fieles, y estos, a otros. Este enfoque de mentoría crea un efecto multiplicador. La inversión de Pablo en Timoteo no solo transformó su vida, sino que impactó a muchos más, al transmitirse la enseñanza de generación en generación. Así, el impacto de Pablo trascendió su tiempo, influenciando a la iglesia primitiva y, por extensión, a los creyentes de hoy.

Un Ejemplo de Sucesión Empresarial

Uno de los ejemplos más exitosos y famosos de sucesión empresarial es el de Microsoft, cuando Bill Gates, fundador de la compañía, dejó el liderazgo y, eventualmente, pasó la responsabilidad a Satya Nadella, actual CEO.

En 2000, Bill Gates dejó el puesto de CEO, delegando la dirección a Steve Ballmer. Aunque Ballmer llevó a Microsoft a ser rentable, la compañía comenzó a quedarse atrás en la innovación frente a competidores como Google y Apple.

En 2014, Satya Nadella asumió el cargo de CEO, enfrentando el desafío de renovar la cultura y el enfoque estratégico de Microsoft. Nadella implementó cambios claves, como nuevas tecnología, alianzas estratégicas y una nueva cultura organizacional enfocada en crecimiento y colaboración, entre otras. Bajo su liderazgo, el precio de las acciones de Microsoft ha aumentado más del 1,000%, superando significativamente el crecimiento del S&P 500 durante el mismo período.

Invertir Recursos, No Solo Tiempo

Invertir en personas implica más que solo dedicar tiempo; también significa proporcionar los recursos necesarios para su desarrollo. Puede tratarse de ofrecer oportunidades de capacitación, crear programas de mentoría, y proporcionar herramientas y conocimientos para el crecimiento personal y profesional. En el ámbito ministerial, esto podría incluir la inversión en educación teológica, la organización de seminarios y la provisión de recursos para el discipulado.

Detente y Reflexiona

Construir un legado generacional es una tarea intencional que requiere visión, sacrificio y perseverancia. Se trata de mirar más allá de nuestro tiempo y construir algo que beneficie a quienes vendrán después de nosotros.

TU VISIÓN TIENE PODER

Recuerda las palabras de Proverbios 22:1: *"De más estima es el buen nombre que las muchas riquezas, y la buena fama más que la plata y el oro"*. Un legado verdadero no se mide por las riquezas que dejamos, sino por el impacto que nuestras acciones y visión tienen en las vidas de las futuras generaciones.

Si tienes una visión, empieza hoy a construir tu legado. Invierte en otros, actúa con propósito y deja una huella que perdure mucho después de que te hayas ido.

21

Bono: Plan de Acción

Y AHORA, ¿QUÉ PUEDES HACER?

Llegamos al final de este recorrido sobre el poder de una visión, un trayecto que abarcó desde los fundamentos para construirla hasta los pasos prácticos para implementarla, sostenerla y multiplicarla. Aunque el camino no ha sido sencillo, este libro te ha enseñado que una visión va más allá de la inspiración: es un compromiso profundo con un propósito que supera nuestras propias capacidades.

La pregunta clave ahora es: ¿qué sigue después de terminar este libro? ¿Cómo puedes convertir este conocimiento en acción y empezar a aplicar estos principios en tu vida, ministerio u organización? Resumiremos e integraremos lo aprendido para ofrecerte una guía clara que te ayude a dar tus próximos pasos con propósito y dirección.

Paso 1: Define y Refina tu Visión

El primer paso es sentarte y revisar tu visión. Quizá ya la tengas definida, pero después de leer este libro, es posible que sientas la necesidad de ajustarla o perfeccionarla. Recuerda lo aprendido en *"La Arquitectura de una Visión"*: debe ser específica, inspiradora y estar alineada con tus valores fundamentales. Dedica tiempo a reescribirla y reflexiona: ¿refleja realmente lo que anhelo lograr y las vidas que deseo impactar?

Consejo Práctico: Pasa tiempo en oración y meditación. Busca la dirección de Dios para asegurarte de que tu visión no proviene solo de tus deseos, sino que está alineada con Su propósito para ti. Como dice Habacuc 2:2: *"Escribe la visión y declárala en tablas, para que corra el que leyere en ella"*. Tener una visión clara y escrita te hará correr sin desviarte.

Paso 2: Identifica a los Enemigos y Errores Comunes

En *"Los Enemigos de una Visión"* y *"Errores al Implantar una Visión"*, exploramos los obstáculos que pueden desenfocarte. Desde el miedo y la duda hasta la falta de planificación, estos enemigos sabotearán tu progreso si no los manejas. La clave es anticiparlos y ser proactivos.

Consejo Práctico: Haz una lista de potenciales obstáculos que pueden surgir al implementar tu visión y crea estrategias específicas para enfrentarlos. Recuerda las palabras de Nehemías, quien no se distrajo de la reconstrucción del muro de Jerusalén, aun con oposición: *"Estoy haciendo una gran obra, y no puedo ir"* (Nehemías 6:3). Así debemos responder frente a las distracciones.

Paso 3: Piensa en Gran Escala y Multiplica tu Impacto

En los capítulos sobre *"Pensamiento de Gran Escala"* y *"Multiplicando a Través de Equipos"*, aprendimos que una visión poderosa no puede ser limitada por nuestras propias capacidades. No tengas miedo de soñar en grande y de pensar más allá de lo que crees posible. Recuerda que los equipos efectivos y la delegación son fundamentales para multiplicar tu impacto.

Consejo Práctico: Empieza identificando personas en tu entorno que compartan tu visión, pasión y compromiso. Invítales a unirse a tu misión, dales responsabilidad clara y específica. Sigue el ejemplo de Jesús, quien no solo delegó, sino que invirtió tiempo, amor y recursos en sus discípulos para que pudieran multiplicar Su mensaje y Su impacto.

Paso 4: Administra Bien tus Recursos Financieros

En *"Financiando la Visión"*, exploramos la importancia de contar con una planificación financiera adecuada y estratégica. No temas hablar de dinero; los recursos son una herramienta valiosa que Dios nos da para cumplir Su propósito. Sin una base financiera sólida, bien estructurada y gestionada, incluso la mejor visión puede quedar estancada.

Consejo Práctico: Establece un presupuesto claro para tu visión y busca formas creativas de financiarla. No te olvides de la generosidad; cuando practicamos la generosidad, sembramos para una cosecha futura. Como dice Lucas 6:38: *"Dad, y se os dará; medida buena, apretada, remecida y rebosando".*

Paso 5: Mantén la Disciplina, Excelencia y Consistencia

La disciplina es el puente que une tus metas con los resultados. La excelencia en cada acción y la consistencia en tu liderazgo son fundamentales para mantener el enfoque y avanzar hacia tu visión, como exploramos en los capítulos *"Disciplina y Excelencia"* y *"Consistencia, Coherencia y Estabilidad"*. Estos principios aseguran un progreso sólido y sostenible.

Consejo Práctico: Diseña una rutina diaria que te impulse a avanzar en tu visión con disciplina y enfoque. Asegúrate de incluir tiempo para reflexionar, planificar y ejecutar tareas clave. Comprométete a actuar con excelencia en cada detalle, incluso en las tareas más pequeñas, sabiendo que cada paso cuenta para alcanzar tu propósito. Recuerda las palabras de Pablo: *"Todo lo que hagáis, hacedlo de corazón, como para el Señor y no para los hombres"* (Colosenses 3:23).

Paso 6: Invierte en tu Equipo y Actualízate Constantemente

En *"Invierte en Capacitación de tu Equipo"* y *"Actualízate Continuamente"*, vimos que el crecimiento de la visión depende del crecimiento del equipo. No basta con delegar; es necesario capacitar y actualizar constantemente a los miembros de tu equipo para que puedan enfrentar nuevos desafíos.

Consejo Práctico: Programa capacitaciones regulares y busca oportunidades para el desarrollo continuo de tu equipo. Además, asegúrate de actualizarte tú mismo. La humildad para aprender y adaptarte a nuevos tiempos te mantendrá relevante y efectivo como líder.

Paso 7: Maneja las Críticas y Practica la Generosidad

La crítica es inevitable cuando trabajas para materializar una gran visión. Sin embargo, como vimos en *"La Crítica es Publicidad No Pagada"*, puedes transformar las críticas en oportunidades para mejorar y crecer. Además, la generosidad es una herramienta poderosa para ganar aliados y abrir puertas.

Consejo Práctico: No te tomes las críticas de manera personal; en su lugar, analiza si hay algo de verdad en ellas y busca formas de mejorar. Practica la generosidad en tu vida y tu organización, sembrando en las personas y en las causas que apoyan tu visión.

Paso 8: Enfócate en Construir un Legado

Finalmente, en *"Construyendo un Legado"*, aprendimos que una visión poderosa no se limita a nuestro tiempo de vida; debe trascender y ser transferida a la siguiente generación. Jesús no solo formó seguidores, sino que formó discípulos, personas que pudieron llevar adelante Su mensaje mucho después de Su partida.

Consejo Práctico: Empieza a pensar en el legado que quieres dejar. Invierte en personas, no solo en proyectos. Enséñales a soñar y a trabajar en equipo para que puedan continuar la visión cuando tú ya no estés.

Ahora que has llegado al final de este libro, es momento de poner en práctica lo aprendido. No te quedes solo con el conocimiento; empieza a actuar. Define tu visión con claridad, anticípate a los obstáculos, construye equipos sólidos y administra bien tus recursos.

Hazlo todo con disciplina, excelencia y consistencia, y recuerda que la verdadera fuerza del líder está en mantenerse enfocado y firme en sus principios, independientemente de las circunstancias.

Como dice el apóstol Pablo: *"Prosigo a la meta, al premio del supremo llamamiento de Dios en Cristo Jesús"* (Filipenses 3:14). Sigue adelante con determinación, sabiendo que la visión que Dios ha puesto en tu corazón tiene el poder de transformar vidas, comunidades y generaciones enteras. Y ahora, es hora de empezar a subir a nuevas alturas. Recuerda que una visión no está solo en soñarla, sino en vivirla y hacerla realidad, porque...

Tu Visión Tiene Poder

Acerca del Autor

ELI CHÁVEZ

El Apóstol Eli Chávez es el fundador de la Iglesia Monte Sinaí, ubicada en la ciudad de Atlanta, Georgia, EE. UU. Es graduado en Teología por Latin University of Theology. Está casado con Paola Chávez y es padre de tres hijos: Eli, Josué y Jonatán. Actualmente, disfruta de la feliz etapa de ser abuelo de su primera nieta, quien ha traído inmensa alegría a la familia.

Junto a su familia, dirige no solo la Iglesia Monte Sinaí, reconocida como la iglesia de mayor crecimiento en la ciudad de Atlanta, sino que también son los fundadores y actuales líderes de la Red Apostólica Monte Sinaí (RAMS). Esta red abarca más de 80 congregaciones en Estados Unidos, México, Guatemala, Nicaragua, Honduras y Costa Rica.

Síguenos en las Redes Sociales:
@ApostolEliChávez